悪い知らせをうまく伝えるには？

幸せ拡散７つのルール

ミシェル・ギラン［著］
ショーン・エイカー［序文］
月沢李歌子［訳］

Broadcasting Happiness

The Science of Igniting and Sustaining Positive Change

草思社

To our son, Leo Achor,
who broadcasted love
even before finding words.
He broke open my heart,
making me love the rest of the world
more deeply than ever before.

BROADCASTING HAPINESS
by Michelle Gielan

First published in the United States by BenBella Books.

Japanese translation rights arranged
with BenBella Books, Dallas, Texas c/o Perseus Books, Inc.
Boston, Massachusetts through Tuttle-Mori Agency, Inc., Tokyo

日本語版によせて

ショーン・エイカー　『幸福優位7つの法則』著者

リーダーシップに関する研究の結果を企業の実践につなげる取り組みを始めたリーマンショック後の景気後退期のことである。わたしは、「先の見えない時代におけるポジティブ・リーダーシップ」と題した講演をするために、チューリッヒにあるスイスの大手銀行を訪れた。人事部から司会を押しつけられたシニアリーダーは、わたしの短い経歴を読み上げることもなく、みんなの前に立ってこう言った。

「こんにちは。もうご存知だと思いますが、今年のボーナスはありません。それで、これからアメリカから来た方に幸福について話してもらいます」

どんな反応が起こったかは想像できるだろう。

冷静で、生真面目な銀行家たちが、無言のままガードを固くした。わたしは緊張した。30歳の研究者が、世界でもっとも大きな銀行で働く、百戦錬磨の富裕な重役たちを前に、リーダーシップについて話をするのだから。

だが、次に起こった出来事から、わたしは重要なことを学んだ。

10分ほどたって、合理的楽観主義を作り出すことに関する科学的研究の説明から、危機においてソーシャルサポートを強化することへと話を移したところで、重役たちが、わずかに身体を前にのめらせたのだ。多くの人がゆっくりとペンを取り出し、メモに目を落としている。

講義が始まって90分後に休憩時間となったが、わたしはおいしそうなエスプレッソを味わいにコーヒーマシンのところへ行くこともできなかった。重役たちがわたしの周りに集まってきて、業務上のことからプライベートのことまで彼らのチームの問題に使える研究結果について尋ねたからだ。3時間のセッションが終わる頃には、人事部の責任者から、アジア、ヨーロッパ、アメリカでも講義をしてほしいと頼まれた。

何が起こったのだろうか。

本書に書いてあることが起こったのだ。わたしではなく、ポジティブなリーダーたちがそれを起こしたのだ。科学的に認められているように、成功する企業とリーダーには、現実的で測定可能な変化を起こそうとする姿勢があるのだ。

ミシェル・ギランは本書で、わたしたちは周りの人がポジティブな変化を起こすために刺激を与えられると述べている。そして、すぐれた研究と魅力的なストーリーを使って知識と実践を組み合わせ、他者が力を発揮するのを助け、同時にあなたが今より幸せに、さらに成功できるようなツールを紹介している。

まず、重要なことをひとつお伝えしたい。すぐに使ってほしいのだ。実践しなければ意味がない。本棚にしまっておくのではなく、必要なものを取り出して使い、重要なことを確認してほしい。すなわち行動あるのみ。

あなたが誰に対してもポジティブに伝えることができれば、あなたの組織も、家族も、コミュニティもポジティブになる。

本書の出版を嬉しく思う。おそらく、ミシェル・ギランがこの分野の先駆者であることがわかっていただけるだろう。彼女の研究は、ポジティブ心理学だけでなく、メディアの分野も変えようとしている。ニュースを扇情的《センセーショナル》なもの、ネガティブなものでなく、ポジティブで解決志向のものにするのが重要だと訴えている。それについてはジャーナリスト・マニフェスト（巻末を参照）を読んでほしい。あなたがニュースの受け手でも、送り手であるジャーナリストでも、誰もが読むべき画期的な文書だ。

チューリッヒでの体験以来、わたしは50カ国を訪れ、フォーチュン100企業の3分の1で講演を行った結果、興味深いことに気づいた。それは、生産性を最大化するために、労働時間や労働量を増やすのはもう限界だということだ。

リーダーはこれまでとは異なる方法で、大切な人たちをポジティブに変えることが求められる。どうすればいいかは本書を読めばわかるだろう。わたしが著書『成功が約束される選択の法則―必ず結果が出る今を選ぶ5つの仕組み』（徳間書店）で記したように、現代の経済では、前向きでつながりを大切にする考え方が競争の源《みなもと》になる。本書は、どのように周りの人に前向きでつながりを大切にする考え方を伝えるかを論じたものだ。

あなたの力を必要としている。変化の旗振り役になってほしい。この研究結果を学問の世界に閉じ込めるのではなく、より多くの人に実践してもらいたい。

情報だけでは変化につながらないが、行動が伴えば、良い結果になることもある。だからこそ、ポジティブな変化を持続させるには、いかに実行するか、いかにそれを再現するか、いかに他者にそれを伝えるかを十分に理解しなければならない。

本書を読み、実践してみよう。

はじめに

わたしは違和感を抱きながらスピード出世を遂げていた。

テキサス州エルパソのローカルニュースのキャスター（アンカー）だったわたしが、ニューヨークのＣＢＳで全国放送のニュース番組２本の司会を務めるようになった頃だった。シカゴ南部から取材レポートをしていたとき、人生を変える出来事を目にした。

それは６カ月の間に取材した６件目の葬式だった。だが、他とは異なり、亡くなったのは子供だった。10歳の少女が自分の誕生日パーティの最中に、ギャングが撃った流れ弾に当たってしまったのだ。

報道記者として、どう伝えるべきかは熟知していた。こうしたニュースは何度も扱ったことがある。無差別暴力による衝撃的な事件。家族は激しい感情をあらわにし、視聴者は自分の愛する者にも同じことが起こるかもしれないという恐怖と衝撃に襲われる。

でも、多くの視聴者と同じように、わたしにもわからなかった。このような暴力についても何も考えないようにするべきか、それとも、人生がいつ取り返しのつかないほどめちゃくちゃにされるかもしれないと心配するべきなのか。

もう、耐えられない。そう思った。

シカゴ近郊でもっとも治安が悪い地域のひとつと言われるエングルウッドの教会で、わたしの周りに座っていた黒人の信徒たちも同じように感じていたようだ。ただ、希望を持てるストーリーもあった。そのストーリーがわたしの人生を変えた。

牧師の話のあと、信徒たちが嘆き悲しむ母親を囲み、祈りの賛美歌に合わせて一緒に体を揺らすのを見たときに気づいた。これまでニュースで伝えてきたギャングの暴力によって、また子供の命が奪われたということは選択肢のひとつに過ぎない、と。そんな話は無力感を呼ぶだけで、コミュニティの人々が力を合わせて行動するのを妨げてしまう。これを、その日、目にした別の話に焦点を当てたら、どんな効果があるだろうか。

災難に見舞われた母親が、愛情深い地域の人々に囲まれ、支えられる様子を報じるのもいいかもしれない。

悲惨な事件が起こってしまったけれど、統計によるとエングルウッドの環境は改善されつつあり、それは警察、コミュニティのリーダー、地域住民の連携のおかげだと伝えてもいい。

痛みと絶望のみを強調するのではなく、希望、明るい見通し、コミュニティの逆境力《レジリエンス》に光を当てることもできる。それもまた事実なのだから。

もっとうまいニュースの伝え方があると確信してはいたものの、当時のわたしはニューヨークで全国放送のニュース番組のメインキャスターになることにしか関心がなかった。2年後、その地位を得られた。金融危機が起こった年である。今度は、CBSニュースのキャスター席から、大恐慌以来最悪となったアメリカの景気後退を伝え、家、仕事、老後の蓄えを失った人々の話を報じた。不景気の話題だけではない。何百万ドルもかけて作ったスタジオの照明を浴びながら、500万バレルの原油流出事故によって、メキシコ湾と周辺のコミュニティが壊滅した様子の一部始終も伝えた。

そして、2010年7月17日に、CBSを辞めた。

暗いニュースばかりが続いたせいでも、深夜から始まる長時間労働のせいでもない。手放すのは、何百万もの人に向けて放送するたびにカメラの上で光る赤いランプだけだった。

わたしには別の光が見えていた。

本書ではそのことについて語ろうと思う。

本書を読めば、CBSを去ってからの5年間にわたしが何を見たかがわかる。それは、伝える物語を変えれば、家族、会社、コミュニティの進む道を変えられるということだ。全国規模の巨大な保険会社でたった1人のリーダーが仕事に対するチームの考え方を変え、収益を3倍にした話。景気後退のさなかで、後ろ向きの話題を取り上げるかわりに、幸せを育む人々の姿を取り上げたニュースシリーズが、その年、視聴者からもっとも大きな反響を得た事実。仲違いしていた兄弟がそれぞれ家を失うことになり、力を合わせて一緒に暮らすようになった物語。ある会社のマネジャーが強いストレスによるダメージを23パーセント減らせるように脳を鍛えた話。ある学区域の卒業率がわずか2、3年で44から89パーセントに改善した話。2分間の習慣によって、ずっと悲観的な考え方ばかりしていた人が楽観的になった話。老いに対する見方を変えたところ、75歳の男性グループの老化が科学的に変化した話。未来志向のメディア王が、ニュースを変貌させようとポジティブな情報の収集を活用する話。そして、ポジティブ心理学のすばらしい研究結果と、本書で紹介するすばらしい話を活用してあなた自身の人生をより良いものに変えられるという話――。

わたしはCBSを辞めたけれど、情報を発信するのをやめたわけではない。

誰もが情報発信者であり、伝える話題を変えればポジティブな変化を作り出せることに気づいただけだ。

そう、わたしたちはいい話を伝えることで、幸せを拡散することで、変化を起こせる。

悪い知らせをうまく伝えるには？　幸せ拡散7つのルール◉目次

なぜ、幸せを拡散するべきなのか？

わたしは幸福の研究をしている。だが、最初からというわけではない。実際は、電気工学とシステムアーキテクチャが専門のコンピュータ技術者だ。そして、テレビに出たいと思っていた。

ニューヨークから配信されるネットワークニュースのキャスターになるのが夢だった。現実には、ニューヨークからキャリアを始めることはできない。どこでもいいから使ってくれるところから始めるものだ。

それがわかっていたので、150本のデモテープを全米の放送局に送った。連絡をもらえたのは1社のみだった。

「エルパソへいらっしゃい」と電話で言われたので、荷物をまとめてテキサス州へ向かった。勤務時間に驚かされ、哲学的問題に直面した。

午前3時のニュースは「こんばんは」と言って始めるべきか。それとも「おはようございます」だろうか。

この業界で有名になれたのは、エルパソで起こる問題を厳しく追及したためだと言いたいが、それは正確ではない。もっとも人気を得た取材は「マットレスに侵入するトコジラミ」や「ドクターフィッシュは足のお手入れに役立つ」のほかに、ダライ・ラマこと「ラマのドリー」に鋭く迫ったインタビューだ。インタビューの場所は、動物園のふれあいコーナーだったけれど。

それでも、いくつかの運と決断力によって、1年後にはシカゴに移った。市の行政について取材をし、警察による暴力の噂を調べて報道した。その仕事のおかげで、まもなくニューヨークのCBSニュースのキャスターの座を手に入れた。嬉しかった。夢のような仕事を手に入れられたことを毎朝、感謝した。

CBSニュースはすばらしい職場で、影響力は大きい。わたしは早朝の2つのニュース番組のキャスターを務め、記者として取材をした。話題の人、政治家、サラ・ジェシカ・パーカーやドナルド・トランプやディーパック・チョプラなどの有名人に会ってインタビューした。他のどのキャスターや記者よりも長い放映時間を与えられていた。そして、カメラの上の赤いランプがつくたびに、何百万もの人々にニュースを伝えた。

キャスターの地位に就いて何週間か後に、金融危機が起こった。日々のニュースが、突然、痛ましい内容で埋め尽くされ、さらに、いつも通りの殺人、死、破壊活動の報道もあった。毎朝、家を失い、路上で暮らすようになった家族の話題が繰り返された。3人の子供を抱えたシングルマザーが失業し、借金漬けになる。70代の老夫婦が年金を失い、医療費を払えずにいる。毎朝、無力感と絶望に打ちのめされた。そうしたニュースを暗いスタジオで1日中見ているのはとてもつらかった。

不幸な話題ばかりを取り上げたせいか、多くの視聴者が番組を見るのをやめた。企業や学校で講演をするとき、自分自身や家族の気分が落ち込むのでニュースを見る頻度を減らしたことがあるかと尋ねると、たいてい聴衆の半数以上が手を挙げる。そして、それには十分な科学的根拠がある。

ペンシルベニア大学のマーティン・セリグマン博士、マーガレット・カーン博士、そしてリズベス・ベンソンとわたしが行った共同研究によって、ニュース報道を見た人の気分がニュートラルからネガティブな状態に変わるには、わずか数分あれば十分だということが明らかになっている。[1] ネガティブな内容のニュースを立て続けに見せられると、世の中が恐ろしくて希望のないところに思える。その思いが、職場や学校まで引きずられてしまうのだ。

別の研究によれば、地元のニュースを見ると、自分たちが住む町では犯罪や災害が実際よりも頻繁に起こるように感じるらしい。[2] つまり、ニュースをあまり見ないようにするのが自分を守ることになる。でも、それにはリスクもある。

わたしの姪のアナが6歳だったとき、「今日は午後からずっと自分の部屋で『現実逃避』をしていた」と言ったことがある。そんな大げさな言葉を使ったのは、アナの両親がハーバード大学卒業のインテリだったせいかもしれない。考えてみると、その表現はぴったりのように思えた。わたしたちは暗いニュースを避けたいと思う。小さな幸福を守るため、不幸が自分たちの人生を傷つけないようにと願いながら、頭を低く屈める。不幸から目をそむけるべきだと勧めるつもりはないが、そうしたい気持ちは理解できる。とはいえ、目をそむけてばかりでいいはずがない。わたしたちにとっても、世界にとっても。

ヘンリー・デヴィッド・ソローはこう述べている。

「悪の枝を払う者は千人いるが、根元を切り倒そうとするのはひとりだ」

世の中の不幸な出来事に怒りを抱いても、根本の原因に立ち向かわない限り、負け戦になるのは目に見ている。世界の人々が立ち向かうべき大きな問題のひとつは、変化は起こせないという思い込みだ。実際、テレビで伝えられたり、身の回りで起こったりする暗い出来事は、行動しても結果は変わらないという嘘を広めている。もちろんどうにもできないことも多いが、すべてがそうだと考えてしまうのには問題がある。

悪いニュースばかりが多いことが問題ではないと気づいて、わたしははっとした。さらに根深いのは、ニュースの伝え方だ。シカゴの幼い女の子の死を報じたときもそうだった。歪《ゆが》んだレンズを通してニュースが伝えられ、視聴されている。ジャーナリストだけではない。困難に襲われたとき、家族、チーム、組織を率いる者も同じ罠に陥る。

ニュースの話題の選び方、伝え方に問題があるのは確かだが、わたしたちもみんなブロードキャスター、つまり情報の発信者であり、その情報を家族、友人、同僚、見ず知らずの人が受け取る。わたしたちはジャーナリストと同じ力を持っていて、脳が選択した話題を他者へ伝達しているのだ。

同僚、友人、家族との会話に選ぶ話題は、相手の気分だけでなく、ストレス、変化、問題にいかに反応するかに直接、影響する。わたしたちが伝える情報が、ポジティブな変化を起こす他者の能力を活性化させたり、無力化させたりするのだ。

情報の受け手として思い描く相手は、人それぞれかもしれない。職場のチームに難題に対する考え方を変えてもらいたい人もいるだろう。我が子の人生にポジティブな影響を与える方法を求めている人もいるだろう。悲観的な文化に囲まれた楽観主義者が、対処のための手段を探しているかもしれない。ともかく、結論は同じ。あなたは情報の発信者であり、大きな力と責任がついてまわる、ということだ。

悲観的なニュースの多さだけでなく、それをどう伝えるかも重要ではないかとわたしは考えた。科学者として、また技術者として最初に思ったのは、この仮説をもっとも大きな舞台であるニューヨークのCBSニュースで検証することだった。実験の結果、その1年間で視聴者からもっとも大きな反響が得られた。

ニュースを活性化し、波及効果を観察する

あるときわたしは、ギルトという洒落たニューヨークのバーにいた。バーバリーのポケットチーフをのぞかせた気取った銀行家が、わたしと友人を前に、ニュースメディアを含むすべての分野で一流の専門家ぶろうと振る舞っていた。

「だからね、明るいニュースなんてうけないの。本当だよ。時間のムダ。その証拠に、ニュース番組のほとんどすべてがネガティブな内容でしょう。みんなネガティブな話題を求める。依存症だね。ネガティブなニュースは麻薬みたいなものだから。そのおかげで酒が飲めるってわけ」

彼はコニャックを飲みながらそう話し続けたが、主張は明確だった。もっと思慮深い人たちも同じようなことを言っている。

実際に、「ハッピーウィーク」と名づけたシリーズものの企画を、もっとも頭の柔らかいプロデューサーに売り込んだとき、フランスのモルモットの交尾の習慣を暴こうと提案したときのような目で見られても驚かなかった（その企画はすでに放送済みだったが）。わたしのアイデアは、アメリカ経済史上もっとも暗い時代のひとつにありながら、幸せについて語るというものだった。ポジティブ心理学の専門家を招き、不況という深刻な状況のなかでも幸せを見つける方法について、実践的なアドバイスをしてもらう。

ポジティブ心理学とは、幸せと人間の可能性に関する科学的な研究だ。1998年に、わたしの師《メンター》であり、のちに共同研究者となるマーティン・セリグマン博士が確立し、一連の研究によって、企業や家族やコミュニティのリーダーにとって、最適な生き方をするために必要不可欠な、科学的裏づけのあるツールに発展した。

ハッピーウィークの目的は、現実を無視することではない。不況が終わるのをなすすべもなく待つのではなく、その真っただ中で、より幸せになれる方法を伝えたかったのだ。元気が出るような、心のこもった、解決志向のニュースを作りたかった。プロデューサーは前向きな発想の持ち主だったので、試しにやってみよう、と言ってくれた。

視聴者から届いたポジティブなメールは、その週だけで1年間にもらった数より多かった。わたしはメールを次々に読んだ。「ハッピーウィークのコーナーのおかげで、幸せは自分が作るのだと気がついた」「これほど厳しい不況は初めて経験するが、変化を起こすためにできることがあるのがわかった」などと記されていた。

オクラホマの視聴者から寄せられた話には、いまだに胸が熱くなる。ほかの多くの人と同じように、彼の家も差し押さえにあっていた。彼は、それまでの20年間、たった25マイルしか離れていないところに暮らす兄と話すらしていなかった。金銭が原因で揉《も》めて以来、連絡を絶っていたのだ。その兄の家も、つい最近、差し押さえにあったと聞いたので、ハッピーウィークのコーナーで金銭問題のストレスについて考えてみようというのを見て、兄に連絡をしてみた。兄弟は最終的に片方の家を残そうと資金を出し合い、一緒に住むようになった。住む家を失わずに済んだだけでなく、疎遠になっていた兄弟が一緒に暮らせるようになって、互いにとても喜んでいるとのことだった。この話は、ほんの少し考え方を変えるだけで、前向きな行動がしやすくなり、結果として新たな現実を作り出せることを示す多くの例のひとつである。

こういった話に勇気づけられ、わたしは誰もが羨《うらや》むニュースキャスターの仕事から離れて、応用ポジティブ心理学の提唱者であるマーティン・セリグマン博士の下、ペンシルベニア大学で学んだ。修士号を取得後、アプライド・ポジティブ・リサーチ（ＩＡＰＲ）を共同で設立し、効果的なコミュニケーションを通じて他者を動機づけられる人物について研究することを目的に、ハーバード、イエール大学などの頭脳を連携させたほか、ハフィントンポストとも提携している。

共同設立者のショーン・エイカーは、ハーバード大学出身の研究者で、講演者として知られ、幸福と成功との関係についての複数の著書がベストセラーになっている。

情報を発信するのはあなた

わたしはＣＢＳのキャスターを辞めたあと、世界中の組織で行われた調査と研究から、

3つの主な結論に達した。

1　わたしたちの見方、伝え方によって、他者を無気力から前向きな姿勢へと変えられる。わたしたちの世界についての語り口は、幸せは選び取るものだと考えているか、幸せになるために行動を起こすつもりがあるか、あるいは、今のまま、何もせず、無力のままでいるつもりかを反映している。わたしたちの話は、周囲の世界から集めた事実をまとめたもので、わたしたちの考え方や状況のとらえ方を反映する。困難な状況から始まった話でも、ポジティブで、楽観的で、解決策を示そうとすれば、変化を起こすのは可能で、行動が大事だとみんなに信じさせるきっかけになる。現状に留まらず、行動するという話題に変えれば、わたしたちの力が増幅され、誰かを動かし、ポジティブな変化を引き起こせる。

2　わたしたちが何を話すかは、幸せだけでなく、共感力《エンパシー》、知力、活力、収益性など、ビジネスや教育の成果や将来の健全性にもつながる。ポジティブ心理学と神経科学分野の最新研究によれば、自分自身あるいは他者への情報の伝え方が少し変わるだけで、ビジネス上の成果に大きな波及効果が生まれることがわかっている。たとえば、生産性は31パーセントの伸び[3]、業務評定は25パーセント改善[4]、売り上げは37パーセント増加[5]、ストレスは23パーセント減少[6]など。科学的な裏づけのあるコミュニケーション戦略を活用し、ポジティブな考え方を広めると、周りの人も自分自身も職場でより幸せになり、より成功し、より有能なリーダーになれる。

3 わたしたちはみな情報の発信者だ。何も言わなくても、常に情報を周囲に伝えている。マネジャーは会議中、業界内の潜在的なビジネスチャンスについて、チームのメンバーはプロジェクトの成否について、親は子供に、学校で経験する問題とどう向き合うかについて情報を伝える。内向的な人ですら、相手の言葉に対する反応を非言語的《ノンバーバル》手段で伝えている。そして、わたしたちが選んで伝えた情報は、周囲の人の世界観を形成し、彼らがその世界でどう行動するかに影響を与える。とはいえ、他者に影響を与える前に、自分がどれだけの影響力を持っているかを知ることが重要だ。

心の持ちようで身体まで若返る人

老いに関する話は単純明快だ。30歳を越えると、年々、身体は衰え、能力と魅力が低下する。それだけである。

ただし、この話は科学的には正確でない。正確には、老いについて何を信じ、何を語るかによって、老化のプロセスのように議論の余地がなさそうなものさえ変わるのだ。老化のプロセスが変えられるなら、他にも変えられるものがあるのでは？　さらに説明しよう。

ハーバード大学教授であるエレン・ランガー博士は、心の持ちようが健康に影響することを40年かけて研究し、立証した。たったひとつの研究で老いの暗号を解き、老いの進みを科学的に逆行させた。高価なクリームや整形手術ではなく、老いについてこれまでとは違う話を語ることで実現した。30年近く前の話だが、一般にはあまり知られていない。

1979年のことだ。「1959年にようこそ！」とランガー博士は言い、心理学の大規模な実験の一環として、75歳の男性らに1週間、修道院で過ごしてもらった。[7] 男性らは来るにあたりひとつのことを要求された。それは、過去20年間の新聞、写真、本は持ち込まないこと。ランガー博士と研究チームは、男性らが55歳だった1959年を呼び起こすように、1950年代後半のサタデー・イブニング・ポスト紙やライフ誌といったものを揃えて、20年前に時を戻した。各自に名札と1959年当時の写真も渡した。そして、その当時の仕事や暮らしについてだけ話題にするようにした。

ランガー博士は、老いのプロセスは自分の人生について自分が語ることが契機となり起こる、という斬新な仮説を立てていた。突拍子もないように思えるが、この実験によってその仮説の正しさが示された。実験前後の測定結果は、目を見張るものだった。55歳として1週間を過ごした男性らは体力、姿勢、柔軟性、記憶力、知力において、平均して、統計的に有意な改善を見せた。さらに驚くべきは、視力が平均で10パーセント良くなったことである。実験の参加者にまったく会ったことのない者ですら、1週間後の写真を見て、平均で3歳若いと評価した。

ランガー博士はこの研究の詳細を著書『ハーバード大学教授が語る「老い」に負けない生き方』（アスペクト）で記し、自分の周りの世界をどうとらえるか、つまり、何を信じ、何を自分に語りかけるかがわたしたちの健康に作用すると繰り返し述べている。

考え方を変えれば、身体能力だけでなく、ユーモアのセンス、知力、運動能力、営業能力、活力も改善されることを示す研究分野は急成長している。わずか1週間、心の持ちようを変えただけで、老いの進行が遅れたり、若返ったりするのだ。若々しく活力に満ちた賢明な考え方をして、年齢のくびきから解放されれば、あなたの人生がどれだけ変わるかを想像してみよう。ランガー博士の研究は、考え方を変えれば——この実験の場合は若く、幸せな頃を思い出すことによって——より健康に、幸せに、長く生きられることを明らかにしている。

ランガー博士の研究によって、どれだけ多くのことが変わるかを考えてみてほしい。自分に語る物語と考え方を変えれば、自分には自信があると自分に言い聞かせれば、他者に自信があるように見せられることは、いくつかの研究によって示されている。

社会心理学者でハーバード・ビジネス・スクール准教授のエイミー・カディは、2分間、「エネルギッシュなポーズ」をするだけで、ストレスホルモンであるコルチゾールが約25パーセント減少し、テストステロンが20パーセント上昇するのを発見した。[8] さらに、能力が高く、雇用されるチャンスが大きく見えると評価された。[9] 自分が恵まれていると考え、それを感謝する人は、感謝の対象を脳が探すために、より多くの奇跡に出合うかもしれない。自分は変革を起こす人間だと考えれば、社会的な影響力をより強くすることができる。考え方は、ポジティブなメッセージを世界に発信するカギになる。変化が可能だと周囲の人々に気づかせることができれば、行動があとに続く。

「幸福」ぎらいの社長を驚かせたこと

大手生命保険会社ネーションワイド社の社長ゲーリー・ベイカーは、幸福と成功のつながりに関する研究を初めて知ったとき、「くだらない」と言い放った。しかし、すぐに自分への語り方を変えた。そのおかげで3億5000万だった収益が10億ドルを超えた。これはケーススタディとして、グーグル、USフーズ、T－モバイルなど世界中の企業で参考にされている。

幸福研究の活用は、ベイカーの子会社にとって大きな転換だった。同社は、多くのアメリカの企業と同じ罠に陥っていた。「もし仕事が面白いとか、楽しいとか感じるなら、一生懸命働いていない証拠だ。幸せになるには、数字を達成するしかない」

このようなわたしたちの性質に反する社会規範、つまり「ソーシャルスクリプト（その場の筋書き）」は職場で多くの対立を引き起こす。実際にポジティブな感情で満たされているときのほうが脳はずっとよく働き、成果が挙がることは科学的に示されている。[10] わたしたちは、ネガティブなソーシャルスクリプトが人間の本能と相容れず、そのためにストレスとやる気のなさが職場にはびこることは直観的にわかっている。しかし、規範や規則に従いたいという欲求も強く、仕事への情熱は少しずつ失われていくのだ。

２０１０年にわたしたちのチームは、インターナショナル・ソート・リーダーズ・ネットワーク（ＩＴＬＮ）と提携して、ポジティブ心理学をもとにした「オレンジ・フロッグ」というワークショップを開発し、ネーションワイド社で大規模に実施した。スパークという名のオレンジ色のカエルが主人公の寓話を使ったそのプログラムの目的は、成功の妨げになるソーシャルスクリプトに立ち向かい、それを書き換えること。そして、もっとポジティブに考え、もっと未来に希望を持ち、もっと社会的なつながりを深められるようなスクリプトを提供することである。

さまざまなカエルの寓話を通して、従業員は逆境に強いリーダーとしての行動を学び、順応性を高め、より多くのビジネスチャンスに「気づく」能力を伸ばす。その結果、企業の業績が向上する。わたしたちは、ＩＴＬＮとともに、ネーションワイド社の何千人もの従業員が、幸福に関する最新の研究から得た気づきを実践に移し、目に見える成果を達成できるよう訓練した。効果が出るまで長くはかからなかった。

最初は幸福研究を「くだらない」と言ったベイカーだが、もともとデータと結果を重視する人である。研修後に収益が3倍に伸び、ネーションワイド社の従業員エンゲージメントがこれまでになく改善したのを見て、考えを変えた。

コールセンターの壁の色も変え、すべて明るいオレンジにした。かつては暗かったパーテーション内のデスクには、今やオレンジ色のカエルのぬいぐるみが置かれている。壁のあちこちに、明るいオレンジ色のシャツを着て炊き出しのボランティア活動に参加した従業員の写真が、大きな額に入って飾られている。従業員は「オレンジでいる」ことにとても熱心だ。幸福を発信することが成功につながると知っているからだ。

変化はこれだけにとどまらなかった。現在、ネーションワイド社では、セールス部門の新人研修として、通常の企業のソーシャルスクリプトとは違うストーリーを教えている。それは、「幸福が売り上げにつながるのであってその逆ではない」というものだ。幸福を発信することが許されるようになったので、多くのリーダーが、語るべきストーリーと行動を変えた。ネーションワイド社のCOOであるマーク・ピッツィもその1人だ。

同社のオフィスで働き始めてから何年もずっと、ピッツィは仕事と人生に感謝し、それを書き留めてきた。今では周りの人の前で幸福であることを示すのが会社の取り組みの要《かなめ》となったため、ときおり社内のソーシャルメディアでも、従業員に対する感謝の気持ちを発信している。そうすることで、周囲が同じようにポジティブな習慣を身につけるのを願っている。ピッツィは言う。

「努力してやっているんですよ。わたしもほかの人となんら変わりませんから。人生を立て直し、業績も改善したいなら、考え方を変える必要があります。前向きな姿勢をネーションワイドのDNAに組み込みたいんです」

ネーションワイド社のリーダーたちは、従業員に何を伝えるかを考え直し、個人および集団の成功を妨げるストーリーを書き換えた。

こうした事例を世界中の企業で講演する際に紹介すると、会場の多くの人が抱いている疑問が投げかけられる。「彼らは大きな会社のリーダーだから、周囲を動かせるのは当然です。でも、わたしや同僚のように、リーダーじゃない人間はどうしたらいいですか？わたしたちに何ができるんでしょうか？」

もっともな疑問で、あまりにもよく訊かれるので、最初からそれについて言及するようになったほどだ。「わたしはただの○△です」という言い方も、わたしたちの邪魔をするソーシャルスクリプトにすぎない。無力であることをあなたに信じ込ませる間違った筋書きだ。より正確に言えば、事実である必要のない筋書きなのだ。

筋書きを変えて、できることを変えよう。幸福を伝え、ポジティブな変化を引き起こすには、高い地位など必要ない。そういう例をわたしは数えきれないほど見てきた。

組織のどの地位にあっても、人々の仕事に対する考え方を変え、ビジネスにも、社会にも変化を起こすことができる。本書ではそうした事例を数多く紹介する。その多くは、企業の経営陣などではなく、あなたやわたしのような普通の人の話だ。ネーションワイド社でも、もっとも大きな幸せの拡散効果をもたらしたのは女性従業員の「スパーケット」だった。人材開発部門に所属するその女性は、オレンジ色のカエルのぬいぐるみを使い、ポジティブなストーリーを30秒足らずで一気に広めることができた。その話は後述する。まずは、地域社会で語られるストーリーを変えようとした女性について触れておこう。それは本書の始めに触れた地域で起こった。

悪評を書き換える

エングルウッドの犯罪件数の多さを思うと気が滅入るほどだった。長年、このシカゴのサウスサイド周辺について語られる話の多くは犯罪がらみだ。「エングルウッド　シカゴ」というキーワードでグーグル検索をすると銃や殺人に関する記事が大量にヒットし、街区ごとに殺人事件を図示したウェブサイトまで見つかる。これでは、かつては栄えていたこの地域の再興など不可能にしか思えないだろう。でも、それに挑戦した人がいる。

ラシャーナー・ボールドウィンはこの地域について伝えるべき別のストーリーがあることを知っていた。彼女はインターンとしてわたしに随行して、インタビューや、台本の書き方を学んだ。一方、わたしも彼女から学んだ。なかでも、ほとんど語られることのない忘れ去られた部分に関して、心を動かされる話を伝える意義について教えてもらった。

当時、彼女は、自分は「ただのスラム出身の女の子」だとしても、自分の街について人々が語るストーリーを書き換えたいと思っていた。望みは、地域の住民と役人たちに、その地域の可能性を信じさせ、もっと投資をしてもらうことだった。「ここには希望があり、ここで子供を育てることができる、とみんなを説得したいんです」と、彼女は言った。[11]

２０１４年にシカゴに出張したとき、彼女の笑顔がシカゴ・トリビューン紙の一面を飾っているのを見た。エングルウッドのポジティブな話題を広く発信したことが大きく取り上げられていた。記事はエングルウッドの良い話を語るために彼女が始めたメディアキャンペーン「エングルウッドのいいところ」を伝えていた。彼女は自分自身のラジオ番組を持ち、テレビに出演し、ソーシャルメディアで“goodinenglewood”のハッシュタグを使い、ゲイツ・ミレニアム奨学金を与えられた高校生、効果的な銃の買い戻しプログラム、コミュニティ内の都市農園が提供する職業訓練教室の話など、ポジティブなニュースを発信している。最近は、明るいニュースを見つけるのに苦労しなくなった。というのも、ニュースのほうから集まってくるからだ。地域の住民がソーシャルメディアを通じて、友人や家族から聞いた元気が出る話を教えてくれるという。そうして、彼女はエングルウッドの別の顔を伝え、結果的に人々の考え方を変えている。

少し前に、ハフィントンポストで大きく取り上げられたおかげで、運動は全米規模になり、ポジティブな話題が8平方キロメートルの地域をはるかに越えて広がった。「エングルウッド　シカゴ」でグーグル検索をすると、検索結果の最初のページで、犯罪の話題に混ざって地域のポジティブな話題へのリンクが上位に表示されるようになった。[12]

彼女が「わたしはただの……」という考え方に留まっていたら、誰も語らない話を語ろうという姿勢にはならなかっただろう。ポジティブなニュースは魅力的じゃないから誰にも関心を持ってもらえない、という不安を抱いていたら、"goodinenglewood"というハッシュタグを使い始めなかっただろう。さらに「こんなことをしても、誰もこの活動に参加してくれない」と考えたら、そこに可能性があることに気づかなかっただろう。ポジティブな情報の発信者である彼女は、地域社会に大きな変化と幸福をもたらした。

成功を予測する3つのもの

まったく異なるように思えるいくつかの事例の裏には、わたしたちの研究で集めた、人生のあらゆる領域におけるポジティブな成長へのカギがある。わたしたちは、フォーチュン100企業の3割以上を調べ、職場での成功を予測する3つの要素を特定した。「仕事に対する楽観性（ワークオプティミズム）」「前向きな関わり（ポジティブエンゲージメント」「支援の提供（サポートプロビジョン）」だ。その後、成功尺度という30項目から成る尺度を開発した。これは脳の働き方と、ポジティブな情報発信者である度合いを測定する。

あなたも今すぐテストを受けることができる。読み進む前に、ぜひわたしたちのウェブサイトBroadcastingHappiness.comで無料診断を受けてほしい（英語のみ、コードには「ichoosehappiness」と入力）。数分かかるが、本書の続きが理解しやすくなる。診断後に結果と解説レポートを受け取ることができるようになっている。

各尺度によって職場での成功が驚くほど正確に予測できるので、誰がすぐれた業績を達成できるかの強力な目安になる。わたしたちの調査では、成功尺度によって職場での成功の75パーセントが説明できるとわかっている（つまり、学校の成績やスキルにもとづく採用を見直す時期なのかもしれないということだ）。

誰もが情報発信者になれるし、周囲のやる気を引き出して成果を上げるようなコミュニケーションの方法を学べる。わたしはポジティブ心理学、社会心理学、神経科学における最新の研究と多岐にわたるメディア研修にもとづき、ポジティブな情報発信者になるための7つの実践的な戦略を考案した。

先に述べた3つの要因、すなわち、「仕事に対する楽観性」「前向きな関わり」「支援の提供」は、周囲の人の考え方と行動に影響を及ぼそうとするときに、てこの支点として活用でき、個人やチームの成功率を改善することができる。本書で紹介する事例の多くはビジネスの世界のものだが、わたしたちのもっとも大事な人間関係を深め、成功を促す環境を作るために学校や家庭にいかに適用できるかも考えていきたい。

Part 1

ポジティブの力を利用する

ポジティブな考え方は成功の原動力となり、進歩を促す一方で、わたしたちに備わった、もっとも活用されていない資源でもある。わたしたちは失敗ばかりにとらわれ、うまくいっているすべてのことを忘れてしまう。しかし、ポジティブな変化は起こせるし、思った以上にその実現が近づいているのを示すことができるのは、成功や勝利のストーリーなのだ。周囲の人々に活力を与え、ポジティブな変化をもたらすために、ポジティブで楽観的な考え方を活用しよう。このパートでは、ポジティブな拡散力を存分に発揮するために、最初にできるもっとも強力な手段を学ぶ。

ルール1

パワーリードで脳が気持ちよくなる準備をする

感謝祭の日、わたしは両親に大事な報告をしたくて、飛行機に乗り、ボストンからメリーランド州へ向かった。両親の驚く声が早く聞きたかった。ドアを開けて家に入ると、期待通りに、そして望んでいた通りに父が大喜びで迎えてくれた。

「ムーシー・プウ！」（そう、これがわたしのニックネームだ）

母はわたしをぎゅっと抱きしめ、やかんを乗せたコンロに火をつけてから、振り返って言った。「どうしていたの？　何もかも聞かせて！」

わたしは胸が躍るだけでなく、人生を変えるほどの出来事を報告をしようとしていた。それまで何か月もの間、大学の級友の1人とビジネスプランの策定に取り組み、コンテストに応募した。1等には創業資金として賞金2万ドルが与えられる。わたしたちがそれに選ばれたことが、感謝祭の休みが始まる3日前にわかったのだ！

その発表をしようと大きく息を吸い込んだところ、母がおかしな表情をしているのに気づいた。困惑し、子犬のように首を傾げている。わたしは話を止めて言った。

「どうしたの？　何を見てるの」

「ちょっとね……ダニー、こっちに来て、ミシェルを見て。どう？」母はわたしの目を指差した。「なんだか少し……寄り目になってない？」

「お母さん、大丈夫よ」わたしはすぐに受賞の話に戻ろうとした。両親がこんなふうにわたしの健康を心配し始めると、ろくなことにならないのがわかっていたからだ。

だが、その試みは失敗に終わった。父はすぐにデジタルカメラを探し出してきて、医者に見せるために写真を撮った。近づきすぎてぼやけたその写真には2つの眼球しか写っていなかった――6カ月ぶりに家に帰ってきたというのに、この歓迎ぶりである。

これを皮切りに、帰省中、苛立たしいことが次々と起こった。まず、父が眼科の自分の予約の枠にわたしを滑り込ませた。偶然、それは翌日で、父はいつもその眼科に行くのを嫌がっていた（なんと好都合なことか）。わたしは検査で瞳孔を広げられたうえ、サングラスを家に置いてきてしまったので、診察後、明るい日差しのなかでよろめきながら歩いた。前がよく見えず、一時は路地裏に迷い込んだらしい。というのも、ゴミの臭いがしたからだ。ともあれ、250ドルを払った結果、わたしの目はいたって健康だとわかった。

しかも、両親に受賞の話をし忘れたので、ボストンに戻ってからメールを送る羽目に。今では家族の笑い話になっているが、この話はソーシャルスクリプトの始まりが、その後の展開をいかに左右するかを示す。わたしは両親を喜ばすことなく、大量のコルチゾールを分泌し、大量の点眼剤をさされ、週末の大半を奪われた。スタートがすべてだ。ネガティブだったり、ストレスになったりすることで始まると、意識がそれに集中し、限りある大切なリソースが可能性を見出したり、成功を祝ったりすることに向けられなくなる。

こういうことはビジネスではよく起こる。シニアリーダーが会議の始めに解雇の可能性を次のように告げたとする。

「まだ知らされていない人のために言うと、状況は非常に悪く、良くなる前に悪化すると予想される」

これでは従業員は上層部を信頼できないし、来週、自分の仕事があるのかと不安に思う。新しい企画に着手したり、顧客に新製品の情報を伝えたり、同僚と噂話をしたりするときには始めが肝心だ。こういった会話をどう始めるかで、その後の成否も決まる。一方、さらに興味深いのは、ポジティブに始めると、それがわたしたちの脳やビジネスの成果にどう影響するかである。とくに2、3杯のカクテルつきならどうなるだろうか。

ニューベリーのカクテル

大学を出てすぐに就いた仕事で、わたしは主に2つの業務を担当した。コンピュータ用プログラムのコードを書くことと、人がカクテルを飲むのを見ることだ。勤め先はボストンにあるソフトウェア企業で、ニューベリーストリートにある歴史的な建物の古い書店を改装してオフィスにしていた。エントランス上部の窓にはチェシャ猫、シェイクスピア、その他文学にまつわる人気の人物やキャラクターのステンドグラスが飾られ、「革新的であれ」とわたしたちを鼓舞していた。わたしのデスクはニューベリーストリートの洒落た店やテラス席のあるレストランが見渡せる窓に面していた。お酒を飲みながら昼食をとる人々をうらやましく思いながら眺めるのが、わたしにとっては、プレッシャーが大きく、細部に気を配らなければならない仕事の息抜きだった。

正直に言うと、上司のエレンが怖かった。エレンは、意地悪ではないが、厳しい人だった。まるでステンドグラスのチェシャ猫のように不気味に笑いながら、パーテーションで仕切った机の間の通路をゆっくりと歩いてくる。それから、やさしげではあるが深刻な口調でこう言うのだ。

「先週のあなたの成果は？　どんな小さなことでもいいから言ってみて」

最初の頃は何も思い浮かばず、恐怖に襲われた。「休まずに出勤した」とか「デオドラントをつけるのを忘れなかった」といったようなことしか頭に浮かばない。とても単純な質問だが、それに答えるには、脳をフル回転させて、前の週に何をやったかを詳細に思い出さなければならなかった。

たいがいは、何も言えず、ただ冷や汗をかいた（デオドラントをつけていてよかった！）。そのため、エレンが代わりに言ってくれることがよくあった。

「先週、あなたが書いたコードの一部が次のプロジェクトに使われます。よくやったわ」

「ダーレンを手伝って、昨日、夜遅くまで残っていたでしょう。頑張ったじゃない」

「この前の企画会議で、小さいけれどとてもいいアイデアを出したわね。これから試そうとしているのよ。あれはすばらしかった」

エレンがこうして会話を始めてくれたおかげで、わたしは自分がやっていることの価値を感じられるようになり、ポジティブな瞬間を探し始めた。2週間後には、次にエレンに会ったときに備えて、小さな成功を自然とリストアップするようになっていた。エレンの単純ながら触発的な会話の始め方（パワーリード）のおかげで、わたしの仕事には意味深い瞬間があり、それが成功につながる重要なものであることに気づいたのだ。また、わたしの良いところを見つけ、わたしの行動を気にかけてくれる人がいることもわかった。これにまさる原動力はない。

ポジティブな情報を発信する第1のカギは「パワーリード」だ。この概念は、わたしがメディアの世界で働いた経験から生まれた。ニュース番組で最初に取り上げられるニュースは「リード」と呼ばれる。視聴者を引きつけ、視聴率を上げるために、ニュース番組では確立されたやり方がある。それは、できるだけセンセーショナルな話題で視聴者の気持ちをつかむことだ。「血を見せれば視聴率が上がる」のである。でも、そういったネガティブなリードに脳を乗っ取られ、ストレス状態に陥ると、問題を有効に解決するための知恵も失ってしまう。

ところが、パワーリードを使うと反対のことが起こる。ポジティブな考え方が業績向上を促すという知識を活かして、会議、会話、メール、その他のやりとりを、ポジティブなリードになる話題、コメント、事実で始めれば、意識を状況が改善する力になるものへと向けることができる。

パワーリードは、その後に続くソーシャルスクリプトの方向性を決める。パワーリードによって成長を生み出す領域に意識を向かわせることができるので、チームを動機づけたり、同僚と絆を深めたり、創造性をより高いレベルに引き上げたりする手段になる。人間は互いに模倣することによって社会的絆を結ぶので、相手はあなたとやりとりをする間ずっと、ポジティブなものを受け取ることになる。

わたしたちの行動は、最初に触れるものに影響される。社会心理学ではこれをプライミングという。プライミングはちょっとした言葉や短いフレーズでも起こるので、本人は何が起こっているのかさえ気づかない。

プライミングの実験は楽しい。ある研究では、被験者が「言語テスト」を受けた。[1] この偽のテストの間、被験者は無礼な言葉、または礼儀正しい言葉のどちらかに接した。その後1人ずつ、礼儀正しい態度か、無礼な態度のどちらかを示すような状況に置かれた。

たとえば、グループで談話中に1人だけが仕掛け人の研究者に無視されるので、無視された人が無礼にも他の人の話を遮るか、残り10分間を礼儀正しく黙っているかを観察する。無礼な言葉に接した被験者の50パーセント近くが他者の話を遮ったのに対し、礼儀正しい言葉に接した被験者の大多数は10分間、黙っていた。これは手に負えないティーンエイジャーに試すにはもってこいの実験だ。

幼い子供がいる人は、次の実験を試して子供たちの能力を伸ばそう。

4歳児を実験したところ、楽しいことを思い浮かべるように言われたグループのほうが、楽しくなかったことを思い浮かべるように言われたグループに比べ、形の認識に関するゲームで66パーセントも良い成績を収めた。[2] ポジティブな考え方によるプライミングは、成長の早い段階にあっても効果的に作用する。

研究ではどう始めるかで、会話が良い方向になるかどうかが予測できるし、[3] リーダーにカリスマ性があれば、そのチームはきっと成功するだろうと思う。[4] また、パワーリードは簡単で、どんな地位の人でも使えるので、誰でも、どんな職位の人でもポジティブな情報発信者になれる。あなたがポジティブで楽観的な人ならば、そして、その考え方を周囲に伝えれば、周囲の人々に動機づけをし、ポジティブな変化を誘発できる。

空軍研究所と提携して行われた研究によれば、難題に直面した場合、強力でポジティブなリーダーが指揮を執るほうが、成果が挙がることがわかった。[5] さらに、パワーリードを使うと世界がより良いものに感じられ、周囲にポジティブな考え方を発信する準備ができるようになる。インセンティブ・リサーチ・ファンデーションによれば、同団体の3日間のイベントのあいだにパワーリードを少なくとも1回使った人は、1回も使わなかった人に比べ、42項目の基準すべてについて、経験したことをよりポジティブなものとして評価した。[6]

ポジティブな考え方を発信すると、楽観的な姿勢が強化され、さらに幸せな気持ちになれる。意識をポジティブなものごとに集中させることで「幸福優位性」が得られ、脳がハイパフォーマンスゾーンに移行する。パワーリードを使えば、一瞬のうちにポジティブな状態へとプライミングが行われ、時間を無駄にすることなく、脳がハイパフォーマンスゾーンに突入する。

世界で一番幸せな女性

流通大手ウォルマートの150万人の従業員を対象に、ポジティブ心理学を使って研修プログラムを開発するために、いくつかの店舗を訪問し、プログラムを試験的に導入した。朝のミーティングを店舗の従業員と行ったあと、シャロンという女性が近づいて、「わたしほど幸せな人間はいないので、わたしのことを研究すべきよ」と言う。シャロンは満面の笑みを浮かべ、元気に満ちていた。思いやりがあり、ポジティブな考えを発信し、笑うときはからだ全体で笑った。まさにすばらしいパワーリードだった。わたしは笑顔を返し、「あなたが世界でもっともポジティブな人だというのはどうすればわかるのか？」と尋ねた。そのとき、シャロンから聞いた話は今も忘れられない。

　シャロンは理想の男性に巡り会うのが少し遅かったが、結婚して、このうえなく満たされていた。ところが、結婚式からわずか数カ月後に、仲の良かった母親が思いがけない病で急逝する。悲嘆に暮れるシャロンを支えてくれたのは、愛情深い夫だった。半年たって、ようやく立ち直れたと思った頃、夫が突然、交通事故で亡くなった。わたしは困惑した。期待していたような幸福の証《あかし》ではなかった。わたしが動揺するのを見て、シャロンは言った。わたしが世界で一番幸せな女性だというのは、こういった状況にあっても、毎日ポジティブであろうとするだけでなく、それを意識して周囲にもポジティブな考え方を伝えようとしているからよ、と。

　シャロンは職場の仲間に最初に会うときは、温かな笑顔とハイタッチで迎える。仲間たちは仕事がいやになっても、シャロンのことは大好きだ。シャロンはいつも客に向かってこう言う。

「すばらしい日ですね！　調子はどう？」

質問の前にシャロンがポジティブな内容で会話を始めたのに注目してほしい。これがパワーリードである。

シャロンは時間を見つけて、仲間の様子を見て回る。仲間は、シャロンに影響を受けていると感じている。何人かは「シャロンがすべてを乗り越えてポジティブでいるのだから、自分を不幸だとは言えないと思うことがよくある」と言った。経験や世界や幸福をどうとらえるかは選択と考え方によって決まる、とシャロンは信じている。会話をポジティブな言葉で始めることで、人間関係を深める土台作りをする。人と会うときは、最高の自分でいるように努める――。シャロンは生来のポジティブな情報発信者なのだ。

彼女が使うパワーリードは、人間の脳が高性能である一方で、処理能力に限界があるという事実を利用している。それがわかるのはあまり話題にされない科学的発見のおかげである。

無意識に選択していること

脳には限界がある。しかし、それはわたしたちが世界を知覚する能力にとって重要な意味を持つ。人間の脳は、いつでも1秒あたり40から50ビットの情報を処理できる。[7] 高性能のように聞こえるかもしれないが、わたしたちの脳が実際に受け取るのは1秒につき11

00万ビットの情報だ。したがって、すべてを取り込んで処理するのは到底不可能である。そのせいで、コーヒーを飲みながらトラックに轢《ひ》かれないように道を渡ったものの、コーヒーショップの外に座ってこちらを見ている元恋人には気づかない、といったことが起こる。一度に処理するには情報があまりに多すぎるからだ。

それは、わたしたちが何に注意を傾けるかを常に選択しているということを意味する。ウオルマートのシャロンと同様に、わたしたちは選択する。

シャロンは、毎朝起きるたび、喪失感に身を任せるか、今日は何が起こるんだろうという期待に胸を膨らませるかを選択している。

あなたは40ビットを何に使うだろうか。

いざこざ、不満、障害、難題、自分が「劣っている」と感じさせられるものに意識を向けるか。それとも、周囲で起きているポジティブな出来事、思いどおりにできるリソース、他者との強い絆、人生を有意義にする方法に意識を向けるか――。

ポジティブなものごとに集中すれば、潜在能力が無限に高まる。現実の明るい部分につながる考え方のおかげで、人生がエネルギーを投資する価値のあるものに感じられるからだ。ポジティブな面に意識を集中すると、学習と認識の能力が解き放たれる。

楽観主義は成功を推進する。だが本書が重視するのは自分自身の可能性を伸ばすことだけではない。この情報を周囲の人に影響を与えるための要とすることが大事なのである。

ポジティブな情報発信者は、ソーシャルスクリプトが出来上がる前に、人々の注意をポジティブなものに向け直すといい。わたしたちは、生来、脅威を前にすると用心深くなる。進化上の理由によるものだが、そうした本能のおかげで現在まで生き残ってきた。洞窟暮らしの人類は、捕食者を見つける名人にならなければ、捕食者の昼食にされてしまったのだ。現代では生活はもっと安全なので、自然環境内の脅威に昔ほど注意を向けなくてもよくなった。さらに、現代では、脳を効率よく働かせるには、脅威への対処を優先しないほうがいいことが、科学によって明らかにされている。脳をポジティブなものに改めて方向づければ、新しくて古い課題を克服する新たな方法を編み出せるのだ。

それでも、友人や職場の同僚は、ネガティブで心労の種になるような情報を探し出し、それを話そうとするかもしれない。その場合は、こちらから会話を始め、ソーシャルスクリプトをポジティブな状態に設定する。とはいえ、そういった人々に悪意がないのも忘れないように。数年前は、わたしがその1人だったのでよくわかる。

ネガティブな人は悪人ではない

またやってしまった！　その晩は職場で不満を言わないと自分に約束したのに。わたしには人生に感謝すべき理由が山ほどあった。ニューヨークでのすばらしい仕事と生活。恋人。何もかもが完璧だった。ただ、ひとつだけその幸福を脅かすものがあった。慢性的な疲労だ。疲労はわたしのアキレス腱だった。疲れていると頭が働かなくなり、自分自身にとってだけでなく、周囲にとっても危険な状態になる。

半年間、わたしはCBSで深夜勤務をしていた。午前9時から午後5時まで眠り（そう、夕方の5時だ）、早朝の番組に出る。夢の仕事なのに最悪のスケジュール。そのせいで、わたしは仕事に不満だらけの、最低の人間になってしまった。

同僚たちは笑顔でわたしに挨拶し、調子はどうか、とやさしく聞いてくれた。でも、わたしの返事は言葉こそ違えどいつも同じだった。「疲れたわ」「へとへとよ」「もう最悪」もちろん、同情はしてもらった。ひとしきり不満を言い合うこともあれば、そこで会話が終わることもあった。ずっとそんな調子だったが、ある日、自分の愚痴に嫌気がさした。おいしいコーヒーの話をするだけでもいい。何かポジティブなことを言おう、と誓った。不満を言うのはもうおしまい。それだけで大きな変化が起こった。

初めてポジティブなパワーリードを使ったときは、コーヒーがいかに好きかを話した。それだけだったのに、同僚との会話が新しい方向に向かった。ほんのちょとしたパワーリードのあと、プロデューサーが夫婦で家を買おうとしているという話を始めたのだ。次の夜は、エディターとすばらしい会話ができ、彼女がわたしと同じエンジニア出身であることを知った。

そして、パワーリードに対するわたしの考えが間違っていないことを世界が示そうとしているかのように、3日目の夜、ある同僚にこう言われた。わたしが機嫌がいいのが嬉しい、すばらしい報告をしたいとずっと思っていたから、と。妊娠の報告だった。パワーリードのおかげで、会話が別の方向に進む扉が開いた。試してみるものだ。

ネガティブな人は悪くない。ただ思考が行き詰まってしまうだけだ。うまくいっていないことを見つけ、それをみんなに知らせるのが上手になる。もっとも楽観的な人でさえ、24時間365日、世界を口うるさく監視するようになってしまうこともある。ネガティブな人の例を3パターンほど紹介しておこう。

◉広告塔さん

広告塔さんは、あなたの1日をだいなしにしながらあなたを気遣い、起こり得るすべての悪いことについての警告から会話を始める。

メールを転送したり、心配事をメッセージで送ったりするのが大好きだ。気がかりな最新情報を伝え、たいてい「科学的根拠がある」と言う。

「パソコンのキーボードって公衆トイレより汚いんだって。知ってた?」

「ペットボトルの水を飲むとガンになるらしいよ。あなた、どんな容器を使ってる?」

「最近、猫エイズが流行っているんですって」

◉トルネードさん

トルネードさんは、先日あなたに会って以来、起こった大変な事件から話を始め、どんな話も大げさにしてしまう。トルネードが町を破壊し、爪痕を残して去るように、彼らの話のせいであなたは精神的に消耗する。

「上司が会社を引き裂いてバラバラにしてる」

「2歳の娘がベーコンエッグしか食べようとしないの。栄養不良で死んじゃうわ。医者に相談しようかしら」

この手の人は言葉に加えて大げさな身振り手振りで、深刻でつらい出来事の一部始終を伝えようとする。

◉スクワッシャー氏

スクワッシャー氏は、状況の深刻さを伝えるために、ネガティブな話から会話を始める。この先もっといいことがあるという希望をあなたが持っていたとしても、それをすべて踏みつぶす。マネジャーや反抗的な子供を持つ親が陥りがちな罠だ。

上司はこう言うかもしれない。

「四半期の数字が悪い。この先もっと悪くなるだろう」

会議の主催者はこう言うかもしれない。

「ワールド・フォーラムへようこそ。世界は混乱の真っただなかにあります。政治も、経済も、環境問題も。しかも今年はまだ半分しか過ぎていません」

恋人や配偶者はこう言うかもしれない。

「話がある。うまくいかない気がするんだ」（ちなみにこれは電子レンジの話で、2人の関係についてではない）

相手のやり方がわかったら、二段構えで対処するといい。共感を示す反応を用意しておき、相手があなたで憂さ晴らしをする前にパワーリードを使う。ネガティブな人に勝たせる必要はない。たとえ、ちょっとした言葉にしても、誰が先に話し、誰が意見を言うかが重要なのだ。[8]

ちょっとした言葉が重要

ちょっとした言葉に、会話の行方を左右する大きな力がある。それと同じで、言葉の選び方ひとつでビジネス上の業績も左右される。ある実験の結果がそのことをはっきりと示している。被験者は、実験の目的を知らされていない20歳の大学生だ。[9] あなたなら、次の一連の言葉から何を連想するだろうか。

ビンゴ　しわ　フロリダ　賢い　灰色

「お年寄り」や「隠居生活」と答えた人は、被験者より賢い。研究者は学生たちに、言葉のパズルをやらせた。半分の学生には老齢をかすかに想起させるような言葉、残りの学生にはニュートラルな言葉が与えられた。次に、学生は廊下を通って別の部屋に連れていかれた。学生たちは知らなかったが、次の実験はその廊下で行われていた。

　老齢を想起させる言葉が入っていたグループの学生は、ニュートラルな言葉が入っていたグループより、歩く速度がやや遅くなっているのがカメラで観察された。たった数分の間にプライミングが起こり、老化を感じる反応が脳に引き起こされ、それが行動に表れたのだ。とはいえ、同僚が急に歩行器を必要とするようなプライミングは困るので、これは職場では使いたくない。かわりに、ちょっとした言葉をビジネスの重要な指標につなげる実験を紹介しよう。

　チームの結束力を強めて成功したいなら、小さくてもポジティブな言葉を発言に加えるといい。スタンフォード大学の最新研究によれば、「一緒に」という言葉には長く仕事を続け、仕事の質を向上させる傾向があるという[10]。

　少人数の被験者を集め、パズルに取り組ませるために別の部屋に移動させた。被験者の半分は、部屋は別だが仲間と「一緒に」作業をすると聞かされ、それぞれ他のメンバーと（研究者を介して）パズルを解くのに役立つ助言を交換し合った。残りの被験者は、一緒に作業をしているとは聞かされず、手がかりは研究者が与えてくれているのだと思っていた。実際には、被験者全員が研究者とのみ、やりとりをしていた。

注目すべきは、他のメンバーと一緒に作業をしていると思っていた被験者のほうが48パーセントも長く作業に取り組み、正解率が高く、作業後も疲れが少なかったことだ。1人ではない、と思わせるだけで、信じられないほどの効果が生まれたのである。ちょっとした言葉が重大な変化をもたらすことが示された。

ポジティブなプライミングは人を説得する場面でも重要だ。自分のアイデアに同意してもらいたいなら、ポジティブな言葉で始めよう。パワーリードのおかげで相手はリラックスし、安心した気持ちになる。

最初に被験者を楽しい気分または悲しい気分にさせ、その後、与えられたテーマを支持する主張をさせるという研究も多い。悲しい気分にさせられた被験者は論拠を精査したため、説得されにくかった。一方で、明るい気分にさせられた被験者は反対意見に理解を示す傾向があり、説得を受け入れやすかった。[11] これは、人は恐怖によって世界の脅威をより敏感に認識し、リスクをより回避するようになるという、別の研究結果を支持するものだ。[12]

パワーリードは知的能力を解放するのにも活用できる。ジャーナル・オブ・パーソナリティ・アンド・ソーシャル・サイコロジー誌で発表された論文では、研究者が被験者をそれぞれポジティブなステレオタイプ（「教授」）、ネガティブなステレオタイプ（「サッカーのフーリガン」）、ポジティブな特性（「知的」）、ネガティブな特性（「愚か」）にプライミングした。「教授」や「知的」にプライミングされた人は、その後の一般教養のテストで良い成績を収めた。一方、「サッカーのフーリガン」や「愚か」という言葉でプライミングされた人の成績は悪かった。[13] つまり、SAT（大学進学適性検査）などの大切な試験の前にポジティブな言葉をかければ、子供がより力を発揮する手助けができるし、楽観的な姿勢でプロジェクトを始めれば、職場の同僚たちの成功を後押しできるということである。

もっと具体的にしてみる

ちょっとしたパワーリードで、脳はハイパフォーマンスゾーンに突入する。職場に向かう途中でコーヒーを買うなら、バリスタにパワーリードを使ってみよう。昼休みには、休憩室でポジティブなことについて同僚に話してみよう。長い1日が終わって帰宅したら「疲れた。今日は大変な日だった」と言うのではなく、配偶者にその日に起こったポジティブなことを話すか、相手に起こったポジティブなことについて聞いてみよう。愛する人にそっとキスをして「あなたの顔が見られて嬉しい」と心を込めて言うのもパワーリードになる。その後には、きっとすばらしいことが起こるだろう。

パワーリードはすばらしい考えだが、実践するのは難しいよねと言われることもある。そこで、どうやってパワーリードを試せばいいかを考えてみよう。

まず、あなたがパワーリードを上手に使えそうな領域を特定し、そこから始めてみること。わたしたちは誰しも、なんらかの意味で誰かに対して1日のどこかの場面でポジティブになっている。パワーリードをいつ使うか、具体的に何をするか。誰にどんなことを言うか――自分の強みを知れば、成長に勢いがつく。

では、アイデアをひとつ選び、新しく成功を築きはじめよう。時間をかけてこの新たな習慣を身につけよう。例えば、この先の21日間、1日のなかでニュートラルか、ネガティブになっていたであろう時間に、新しいパワーリードを取り入れるだけでいい。それが習慣になったら、次のパワーリードを加えてみる。最終的には、会話をポジティブに始めるのが習慣になり、それがどんどん簡単になるだろう。これは癖になる。おかげで気分が良くなり、周りから一段と注目され、最近ずいぶん楽しそうだけど何かあったのか、と質問されるかもしれない。

◉パワーリードを始める1――会話から

パワーリードを実践するなら会話がうってつけだ。1日のうち、人と話す機会は何度もある。ポジティブな話題を周囲から見つけよう。それだけでいい。最初は、1日に1度実践してみる。誰かに調子を尋ねられたら、パワーリードを試す絶好のチャンスだ。「まずまずだね／疲れてる／なんとかやってる／上司がムカつく」と答えるかわりに、その日の朝に起こった良い出来事について話そう。

「今日の通勤は楽だったわ」

「朝食のときに息子の話に大笑いした」

「元気だよ。今週末、応援してるチームが勝ったんだ。スーパーボウルが楽しみ」

こう言えば、ポジティブな気持ちでいるのが相手に伝わるので、相手もポジティブな話題を探すようになる。これは同僚やクライアントに使うのにぴったりのテクニックだ。どんなことを話題にできるかを考えてみよう。楽観的で、何でも来い、と言うような人が周りに増えるほど、パワーリードがうまく働いていることを示している。

研究によると楽観主義者とみなされる人は、同等の地位にある悲観的な人より好感度が高いらしい。[14] スタンフォード大学とカリフォルニア大学バークレー校の研究者による広範囲にわたる研究では、職場で幸福だと感じ、かつ、それをよく表現する従業員は上司から良い評価を受け、給料が高く、その結果、上司と同僚からもっと支持されるようになることが示された。[15] 周囲の従業員からも好かれるおかげで社会的なネットワークによる支援が強化されただけでなく、仕事全般での成功にもつながった。

ポジティブな考え方を表現するのは今日この日のためにもなるが、他者との絆を深めて、未来の成功に投資することにもなる。

わたしの義理の弟は小児科医としてパワーリードを患者に使い、すばらしい結果を出している。彼のところには10代の子供たちが1日中、絶え間なく訪れる。子供たちは思春期にあり、歯列矯正用のブラケットのことや卒業ダンスパーティでの初めてのダンスなど悩みでいっぱいだ。義理の弟は長年の経験から、診察の最初（または処置の直前）に患者にかける言葉が肝心だとわかっている。相手とつながりが作れるどうかはその言葉次第だ。そのつながりによって、子供の治療が促されるか、妨げられるかが決まる。そこで、初めての患者に会うときは、必ず自分を「ボボ先生」と呼んで自己紹介する。[16]

ボボというのは、義理の弟の幼い頃のニックネームだ。家族がガーナ出身で、ガーナにはたくさんのボボさんがいる。だが、アメリカではボボというのは珍しいニックネームなので、それを使って、疑いを抱いたり、怯《おび》えたりしている子供たちと絆を結ぼうとするのだ。子供たちはそのニックネームを面白がって、たいてい笑ってくれる。おかげで緊張がほぐれる。生物学的観点からも、笑いは副交感神経の働きを活発にするので、治癒の最初の一歩になる。[17]

それだけではない。パワーリードのあとにかける言葉によって、診察はさらにうまくいく。例えば「勇気があるね。おかげで先生もやりやすいよ」とか、「肩をちょっと楽にしてあげようか」などと声をかける。普通なら「ちょっと痛いよ」などと言ったりするのかもしれないが、ボボによれば、その言葉で、さわる前から泣き出す子供もいるらしい。

医師やボボでなくても、仕事相手とポジティブな初対面を果たすことはできる。1日中、離れて過ごしたあとで妻や夫に再会するときも注意深くパワーリードを選ぼう。6カ月ぶりに会う親戚に近況報告するときに最初に何を言うべきか。今度、調子はどうかと誰かに尋ねられたら、なんと答えるべきかをよく考えよう。

小さな変化から大きな拡散力が生まれる。

◉パワーリードを始める2——会議から

会議が参加者を元気にするか、くたびれさせてしまうかはやり方次第だ。会議のリーダーに最初からポジティブなエネルギーがあれば、議題のいくつかが深刻だったり、気詰まりな内容だったりしても、一緒に気持ちの良い時間を過ごせる。会議や集まりの進行役を務めるなら、ポジティブな報告、質問、感想や話題で始めよう。

テクノロジー企業で品質管理部門のマネジャーを務めるチャーリーは、常にイライラしていた。毎朝、直近の24時間に報告があったソフトウェアのバグのリストが届く。チャーリーのチームには30人のエンジニアがいて、彼らの仕事はバグをすばやく修正することだ。

わたしたちは、チャーリーがポジティブなリーダーシップのスキルを伸ばせるよう協力することになった。チャーリーは、朝の会議はいつも「消火しなければならない火事」の数とその重要性が中心で、不安でイライラした口調になってしまうと言った。

わたしたちは翌月の計画を一緒に立て、チャーリーは感謝のパワーリードで会議を始めてみることになった。そこで、次の会議は、チームについてひとつ、チームの特定の1人について感謝している点をひとつ述べた。するとすばらしいことが起こった。会議ではいつも通り、対処すべき問題について話し合ったが、チャーリーがポジティブな考えを伝えたことで、チームの雰囲気が変わったのだ。さらに、未解決の問題を処理するのにかかる平均時間が大きく短縮された。つまり、生産性が大きく伸びたことになる。効果を確信したチャーリーは、他のすべての会議にもパワーリードを毎回、取り入れた。

この話を聞いたアパレル企業ヒューゴ・ボスのニューヨーク支社の経営陣は、会議の最初の5分をポジティブな考え方で始めることにした。毎回、マネジャーがポジティブな話題を取り上げ、みんなでそれについて話し合う。

例えば、ある同僚のおかげで仕事がしやすくなった話もあれば、重役らには伝わっていないかもしれない小さな成功の話もあった。誰もが勤務中の出来事を振り返り、報告できるものを見つけようとした。これには、あるマネジャーの言葉を借りれば、「5分間もかけずに、8時間をすばらしいものに変える力がある」。

パワーリードは学校でも使える。3年生を教えるアイオワ州のシャロン・ケッツ先生は、

1日の始まりにポジティブな「朝会」をするようにした。それ以来、ケッツ先生のクラスの生徒は、他の3つのクラスよりも、また過去に教えたよりも、州の共通テストすべてで高い点数を取るようになった。[18] 朝会は15分程度で、先生からの連絡、生徒からの報告、そのとき学習していることに関連したゲームなどを行う。

研究によれば、このような朝会をパワーリードにすると、クラスメートとの協同、責任感、共感力、上手な自己主張、自制心を生徒に身につけさせる助けになるという。[19] ケッツ先生にとって、これは生徒の潜在力を解き放つカギになった。他の3年生担当の3人の教師も同じ手法の研修を受けていたが、実際に試したのはケッツ先生だけだった。

ジョエル・オースティンは、テキサス州ヒューストンにあるレイクウッド教会の牧師だ。彼はアメリカ最大のプロテスタント教会で礼拝を始める際にパワーリードを使っている。毎週、信徒に「愉快な話から始めるのが好きなんです」とことわってから、冗談を言う。信徒の気持ちをつかみ、場を和ませて一体感を生み出し、すべての参加者がその週のメッセージに心から耳を傾ける準備ができるようにするすばらしい方法だ。オンラインで聞いた牧師の説教のなかで、わたしが声を出して笑わなかったものはひとつもなかった。

わたしたちの調査には、どんなに小さなものであれ最近の成果や利用可能なリソースを会議の始めにリストアップし、それがこれからの目標を達成する原動力になるのだと伝えることで成果を挙げた事例もある。利用可能なリソースには、新しい人材の雇用、提携、べてが含まれる。

既存の戦略的関係、オフィスに新しくプリンターを導入するなど目標達成を支えるものす

◉パワーリードを始める3――メールから

同僚やクライアントにメールを送るとき、どのように始めているだろうか。メールは、簡単に送れる一方で、現代社会において誤解を生む最大の原因のひとつになっている。送れるのは情報のみで、送信者の口調や表情などは伝わらない。傲慢《ごうまん》だとか、イライラしているとかいう誤解を簡単に招いてしまう。ポジティブな言葉で始めなければ、ニュートラルな、または悪くすればネガティブな気持ちでメールを送っていると思われるリスクを冒すことになる。

ポジティブな調子でメールを書き始める方法は数限りなくある。たとえば、件名または本文の1行目を利用する。誰でも「第3四半期報告概要」より「次の大きな共同プロジェクト」という件名のメールを読みたいと思うだろう。どちらも、あなたがこれから何人かの同僚と協力して作成すべき文書に関するものだとしても、最初の件名は退屈で、2番目の件名はポジティブで協働の精神を感じさせる。

メールの本文では「元気でやっていると思います」がもっとも使いやすいパワーリードだ。相手の家族、趣味、休暇について尋ねるのもいいかもしれない。週末の休みや休暇は、

ポジティブな考え方をメールに盛り込む格好の材料になる。「すてきな週末だったでしょうね」「今週もすばらしい1週間を過ごしていると思います」などがいいだろう。さらに、電話で話したり、直接会って話したりするときに（付き合いを深めるにはときおり必要なこと）こうしたポジティブな調子を強める。

フィリップス・ヘルスケアで行われたセミナーでは、ある参加者が簡単な（それでいて有効な）パワーリードを提案した。それは「こんにちは」のあとに相手の名前を書くこと。彼の同僚には、メールの返信は速いが、挨拶もなく、手短かで、ぶっきらぼうな印象を与えている者がいるらしい。相手を気遣う言葉を最初に加えてみよう。わずかな時間を割くだけで、信頼関係が大いに強化され、将来、実を結ぶかもしれない。

表面を取り繕う必要はないし、仕事に適した頻度でかまわない。集団から抜きん出るのは大切だが、変に「あさっての方」に行ったり、「能天気」だと噂されるのは避けたい。ただし、さりげない挨拶の力は過小評価しないこと。そういった挨拶により、周囲の人々とのあいだに善意の蓄えができ、将来、難題にぶつかったときの備えになる。

◉パワーリードを始める4――報告書から

報告書というものは概して面白い読み物ではない。そこで、まず達成したいポジティブな目標から書き始めて読み手の気持ちをつかもう。前回の節目以来のチームの業績と、そこからどこを目指したいかを記すのもいいだろう。目標は小さくても大きくてもいい。現時点で達成しているものと今後の成長の可能性に注意を向けるのが狙いだ。報告の冒頭で「わたしたちの共通の目標は会計制度を合理化し、クライアントに喜んでもらうこと」といった文章で始めるだけで、読む人の姿勢が変わる。まずクライアントのことが頭に浮かび、プロジェクトがより意義深いものになるだろう。

◉パワーリードを始める5——子育てから

子供がポジティブなものごとを見出すことができるよう訓練をするのに早すぎることはないし、その訓練にはパワーリードを使うといい。母はわたしを小学校へ車で迎えに行くのを決っして他の親に替わってもらったことがなかった。迎えの車に乗り込んで数分の間が、わたしがもっともたくさんの話をする時間だったからだ。わたしはその日の出来事をまだよく覚えているうちに、母にしゃべったのだろう。

母はいつもいろんな聞き方で同じ質問をした。

「今日、一番良かったことは？」

誰かの誕生日でカップケーキを食べたとかいった小さなことを含めて何か良い出来事を思い出すよう、わたしの脳は訓練された。同様に、義理の妹とその夫は3人の娘との夕食を、感謝を示すことから始めている。妹と夫が、その日にありがたいと思った3つの出来事を話し、その後、娘たちにも同じことをさせて、感謝の姿勢を身につけさせているのだ。3人の娘はいつも自分の話をするのを楽しんでいる。わたしは彼女たちがどんなふうに考えているのか、何に喜びを見出すのかを知ることができるのを嬉しく思う。

あなたは子供が学校から帰ってきたとき、最初にどんな言葉をかけているだろうか。「今日、学校で起こった一番良いことは？」「今日習ったなかでもっとも面白かったのは何？」「友だちと何かいいことはあった？」などと尋ねるのがパワーリードになる。そう質問された子供は、何か良い話を見つけようとするようになり、ふだんからポジティブな視点で世の中を見る習慣を身につける。

◉パワーリードを始める6――1日のはじめから

パワーリードは、自分自身のために使うこともできる。朝起きた最初の瞬間から、気持ちを良い状態にするのもいい。不愉快な目覚ましの音で目を覚ますのではなく、大好きな音楽を使ってみよう。友人のケルシーはポジティブな誓いを鏡に貼り、歯磨きをしながら自分に言い聞かせている。別の知り合いの女性は、歯磨きをしながら感謝すべきことを数えていたが、今やその数はフロスを使う回数より多くなっている。元FOXニュース・シカゴのキャスターで、現在は投資アドバイザーとして大活躍中のバイロン・ハーランは、オフィスでポジティブな気持ちでいるために、通勤時間を利用している。車に乗っている間は、たとえ10分間でも、ビジネスの権威による啓蒙的な話を聞くようにしている。そうすると、クライアントとポジティブに話し始めることに集中できるのだという。CBSにいた頃、わたしのメイクを担当していたパトリス・ウィリアムズは、いつも1日の始まり（午前3時！）に陽気で、心がなごむような、ユーモアに満ちた挨拶をしてくれた。わたしはそれを今でも感謝している。

本書を書くときも、わたしはパワーリードを使い、テンポの速い、元気が出る歌を聞いて気持ちを整えてきた。ここ2、3週間はイマジン・ドラゴンズの「オン・トップ・オブ・ザ・ワールド」だった。この曲で考え方がポジティブになる人も大勢いるだろう。どんなやり方でもいい。1日をうまく始めよう。それが長い1日を左右するのだから。

まとめ

どんな言葉を発するかは重要だ。新たなやりとりを始めるときはとくに。やったことは自分に返ってくる。あなたがすでにポジティブな考え方を絶えず周囲に発信しているならすばらしい。本章はあなたのアプローチがなぜ正しいかを科学的に示すものだったはずだ。もし、望むほどの効果を得られていないなら、パワーリードを使って発信力を高めよう。科学的に言えば、良い結果を得るには良い始め方をするといい。

まずは、やってみよう

今後1週間の間、少なくとも1日に1回はパワーリードを使おう。調子はどうかと聞かれたときにポジティブな内容で返事を始めてみたり、会議や夕食の始めに感謝を述べたりするのもいいだろう。大事なのは継続することと、意識的にポジティブな考え方を取り入れた結果、あなたや周囲の人に何が起こったかを観察すること。うまくいけば、パワーリードはあなたの第2の天性となって、周りの人たちはあなたがパワーリードを使うのを待ち望むようになるはず。

ルール2

フラッシュメモリーで過去の成果を未来の成功の糧にする

ワシントン州サニーサイドにあるサニーサイド高校は、2007年の時点では名前ほど明るく晴れたところではなかった。卒業率は41パーセントと低く、「落ちこぼれ生産工場」の実例だった。さらに地域の多くが貧困家庭で、夏休みを含めた1年中、生徒全員が無料で給食を食べられるよう、米国教育省が特別助成金を交付したほどだった。

しかし、わたしが2014年度の初めに教師と理事に向けた講演のために訪れたとき、状況は変わっていた。サニーサイドはたった7年のうちに、国内でもっとも注目される地域のひとつに生まれ変わっていたのだ。700人の教育者と理事で埋め尽くされた会場は、大いなる進歩への誇りで満ちあふれていた。卒業率は89パーセントと2倍以上にもなっていた。何が起こったのだろうか。

教育長のリチャード・コール博士が繰り返し語った話が答えだった。彼の話が学校の文化を変えたのだ。コール博士は、この学校は落ちこぼれ生産工場ではなく、成功者を輩出する学校だと明言した。コール博士の指揮のもと、サニーサイド高校は国の学校改革助成金を受けた。その助成金は、教師が生徒にもっと高い出席率を要求し、校外で昼食をとる際のルールを厳格にできるようにするほか、成績や他の評点を継続的に知らせるために使われた。コール博士の指導によって、理事、教師、コミュニティの人々は、すでにうまくいっていることを褒めるのが上手になった。彼らは校内で成功していることを見つけ出し、そういった事例を集会、学校報、掲示板で伝えた。

新しく導入したこのプログラムのおかげで生徒のやる気と成績が向上していることを具体的に示し、クラスや課外活動で良い結果を出した生徒の話を大きく取り上げることができた。また、あらゆる人（教育長から体育の先生、用務員からバスの運転手まで）に、毎日、生徒に熱意と思いやりを持って接するよう呼びかけた結果、かつてバラバラだった人々が互いに協力してつながり合うようになった。

生徒たちが優秀であることが繰り返し語られるうちに、それは願望ではなく強い信念に変わっていった。そのおかげで、語り続けた話にふさわしい文化が育まれた。例えば、どの科目でも、評点がC以下の生徒は昼休みの時間の一部を自習室で過ごすようにさせた。落第点を取った生徒は、放課後に補習を受けた。授業の遅刻や欠席が重なった生徒は、指導カウンセラーと面談して出席計画を立てなければならなかった。

当校は一流校なので、あなたには優秀でいてもらわなければならない。あなたにはそれだけの能力がある。そういうメッセージを生徒へ送ったのである。

要するに、サニーサイド高校は、ポジティブな面に改めて着目し、すでにうまくいっている点を見つけ出したおかげで成功したのだ。２００７年当時のひどい日常に簡単に戻ってしまう可能性も常にあったが、そうはならなかった。ポジティブな話が繰り返し語られ、全員がそれを糧に日々、励み続けた。生徒の成績を上げるのも、低い卒業率を改善する可能性も疑問視された。しかし、関係者は校内で起こっている成功事例を挙げ、自分たちは変わっていけると繰り返し語った。

具体的な例を紹介しよう。数年前、ある優秀な生徒が道を踏み外した。家族の食費の足しにと、深夜に働いていた10代のこの少年は疲れ果ててしまった。賢い子のはずなのに、学校の勉強についていけなくなった。悪の道を選んでしまったのはその頃だ。コカインの取引で手っ取り早く金を稼ごうとして警察に捕まり、投獄と失望を繰り返す生徒がまた１人増えるかと思われた。

ところが、そうはならなかった。それがこの話の魅力的なところだ。試練に直面したその生徒は決心した。学校にいる何人かのポジティブなメンターについて努力し、以前より強くなって、自分を取り戻した。成績の改善にも取り組み、進学指導カウンセラーの助言によってゲイツ・ミレニアム奨学プログラムを申請した。この奨学プログラムは大学だけでなく、修士課程のような、その先のどんな教育の資金も提供してくれる。

麻薬取引で捕まったような子に、ゲイツ・ミレニアム奨学プログラムへの申請を勧めるのはいったいどんな人だろうか。それは、ポジティブな変化はいつでも可能だと信じている人だ。生徒は懸命に努力し、成果を確認し、それを奨学プログラムの申請書に列記して、選考委員会に自分は投資する価値がある人間だと伝わることを願った。生徒の一家は貧しいままだったし、ふたたび道を踏み外すのは簡単である。だからこそ、奨学金が悪循環から抜け出す黄金のチケットになるのだ。そして、生徒はそのチケットを手に入れた。

話はまだ続く。サニーサイド高校では、成功を手に入れるのが可能であることを示すような数々の話が繰り返し語られてきた。この生徒の話も成功談のひとつとして、大切に語り継がれるようになった。それらの成功談が例外としてではなく、標準のこととして語られていることに注目してほしい。つまり「この学校ではこういった生徒を輩出している」と伝えているのだ。1人ひとりの行動が大切だという考えが常に根底にある。

「逆境に遭っても、わたしたちはそれを乗り越える。試練に直面しても、それに屈せずに偉業を達成する」

サニーサイド高校の最近の学校報では「成功」という言葉が14回も使われている。学校は、こうした話題によって、自分たちは敗者ではなく勝者であり、粘り強く努力すれば偉業を達成できることを生徒たちに気づいてもらおうとしている。

そういった、ポジティブな考え方への転換を進めて最初の1年が終わったとき、コール博士は卒業率が9パーセント近く改善したことを知らされた。同校の話はそれ以降、変化は可能だという裏づけとして使われるようになり、生徒、教師、理事、コミュニティ全体に受け入れられた。数年後の2014年に行ったわたしの講演は、もはや釈迦に説法のようなものだった。聴衆は落ちこぼれ生産工場の人々ではなく、卒業率が89パーセント（41パーセントの頃から7年しかたっていない）に改善された学校の人々だった。しかも、ゲイツ・ミレニアム奨学金の受給者がさらに8人もいた。

わたしたちが成長を加速できるのは、進歩を感じられたときだ。まだ先は遠いと思ったときではない。成功談を見つけ、繰り返し語ることで動機づけを与え、未来に希望を抱くための科学について語ろう。そうした成功談を使ってわたしが「フラッシュメモリー」と呼ぶものの作り方も紹介したい。

フラッシュメモリーとは、ある特定の刺激に反応して最初に浮かんでくる考えだ。それがネガティブやニュートラルな考えなら、ポジティブなものに変えるとやる気も業績も向上する。サニーサイド高校の事例で言えば、自分自身の可能性に関する生徒のフラッシュメモリーを「わたしはできない」から「わたしはできる」に変えたところ、成績、出席率、さらに卒業率までが大きく改善した。

この方法を適切に用いれば、成功談を繰り返し語ることでポジティブなフラッシュメモリーを作り、過去の実績にもとづいた成功の上昇スパイラルを脳内に生み出すことができる。ポジティブな情報の発信者として子供、同僚、生徒、その他の関わりある人に、意識的に成功談を繰り返し語れば、彼らを触発し、次々とポジティブな行動を喚起できる。「変われる」と信じられれば、潜在的な能力が解き放たれ、ポジティブな行動を起こそうという気持ちになる。チームや組織が業績を達成できるように導きたければ、まず、変われるという信念を浸透させよう。夢を伝え、それが実現しつつあることを裏づける話を見つけてそれらの成功を称え、未来への希望を植えつけ、動機づけをして結果を出そう。

ネガティブなフラッシュメモリー

シカゴは昔ながらの男社会だが、市庁舎のなかではとくにそれがはっきりしている。そこは、わたしがレポーターとしてシカゴで仕事をしていたときの取材対象だった。議場の外の廊下を歩いていると、市議会議員、影響力のある実業家、サウスサイド地区の有力な教会の指導者たちがひそひそと交わす会話の断片が聞こえてくる。記者会見中、デリケートな話題に関する質問をすると、市長に締め出されたものだ。報道記者として、自分がもはや蚊帳の外にいるのではないと感じた日のことは決して忘れられない。

わたしは毎週火曜日、市議会の議場にいた。そこでは50人の議員が、シカゴの重要な問題について議論する。毎週火曜日、いつもの親切な警察官が扉のところでわたしを迎えてくれた。1年ほど人生について話したり、応援するシカゴの野球チーム（カブス頑張れ！）に関する言い合いをしたりしているうちに、わたしたちは仲良くなった。

ある日、その警察官が重大なことをわたしに話してくれた。秘密のリストの存在と、それが出回っているという噂を耳にした、と。それはシカゴでもっとも暴力的な警官のリストで、市民からの暴力行為の申し立てが10件を超える警察官の名前が並んでいるらしい。市と警察署は、内部の犯罪に甘いと見られるのを怖れ、そのリストの存在をもみ消そうとしていた。わたしはそのリストを手に入れなければならないと思った。

ひそかに聞き込みを始めた。最初に尋ねた市議会議員の数人はこのリストのことを知らなかった。信頼できる尋ね先が尽きた頃、どうすれば入手できるかを知っている人が見つかった。その人は、議場の裏の通路で会おうと言った。わたしが着いたとき、照明は薄暗かった。書類を手にした男性が見え、映画のワンシーンみたいだと思った。男性は何も言わずにそれをわたしに渡すと、角を曲がって去っていった。もちろん、情報源は決して明らかにしてはならなかった。

その夜のニュースは、このリストを警察が握りつぶそうとしている話題で始めた。次の朝、シカゴの他の報道機関すべてが後追いのニュースを報道した。わたしたちの大勝利だった。しかし、それは地域にとっては敗北でもあった。優秀で勤勉なシカゴ警察にしてみれば、新たな打撃を受けたことになる。わたしがリストを報道したせいで、シカゴ警察はそれまでの功績を無視されたまま、悪いイメージと結びつけられた。市民には、警察は信用できないというメッセージが伝わり、非難の声はさらに強くなった。

多くの人が「警察」と聞けば、「安全」「有能」「信頼できる」などではなく「暴力」という言葉を思い浮かべただろう。このように人々の注目がネガティブな面にばかり偏ってしまうからこそメディアを変える必要があるのだが、この1件は、わたしたちが情報を伝える方法を変えなければいけないことも示している。ネガティブな面に注目しすぎると、ネガティブなフラッシュメモリーができてしまうからだ。

前述の通り、フラッシュメモリーとは、ある人やものについて思ったり聞いたりしたとき最初に思い浮かぶ考えだ。例えば、キャンプファイヤーという言葉を聞いて、最初に思いつくのは何だろう。マシュマロだろうか。それとも、子供の頃に火を灯そうとして火傷したことかもしれない。言葉、人、ものから最初に想起したものがあなたのフラッシュメモリーであると同時に、あなたの感情を形成している。

さらに試してみよう。「家」と言われたらどの家を思い浮かべるだろうか。「あなたの家」と言われて思い浮かべるのは、建物の外観だろうか、屋内だろうか。もしくは現在、住んでいるのとは別の家だろうか。「成功」という言葉でメダルを獲得したり、レースで優勝したりするのを思い描くだろうか。ボーナスの小切手や銀行口座の残高だろうか。それとも自分の子供だろうか。

フラッシュメモリーはわたしたちの見方と行動に直接、影響を与える。ある人やものについてのフラッシュメモリーがネガティブな場合、わたしたちはそれを避ける。パニックに襲われたり、不安や嫌悪感が呼び起こされたりするかもしれない。もしくは、身体が動かなくなったような気がして、将来を悲観するかもしれない。あるマネジャーに関するフラッシュメモリーのせいで、プロジェクトに打ち込めないということもあるかもしれない。それは、プロジェクトではなく、プロジェクトのマネジャーにまつわるネガティブな感情のせいだ。

フラッシュメモリーがニュートラルなものであれば、それについてあまり考えることもないだろう。重要なものとして心に留まらないからだ。例えば、ニューヨークのロウワーイーストサイド（治安があまり良くないとされる）に対するわたしのフラッシュメモリーはニュートラルだ。マンハッタンに住んでいた頃に訪れたが、ポジティブな印象もネガティブな印象も受けなかった。そのためマンハッタンを訪れても、そこへ行きたいという気にはならないが、友人にそこで会おうと言われたとしても抵抗は感じない。

フラッシュメモリーがポジティブなものだと、わたしたちは、その人やものに引き寄せられていく。まるで見えない重力場のようなものだ。スキル、同僚、友人や成功の可能性についてポジティブなフラッシュメモリーがあれば、希望やポジティブな人間関係のことで頭がいっぱいになる。サニーサイド高校の多くの生徒は学校に対するポジティブなフラッシュメモリーを持っていて、「すぐれた実績」「協力的なコミュニティ」「1日を過ごすのに最高の場所」といった言葉で学校を表現した。同校を訪れて生徒たちに尋ねたところ、何人かが最初に口にしたのは次のようなポジティブな言葉だった。

「ここの人たちはわたしたちを思いやってくれる」「サニーサイド高校は楽しいところだと聞いていたので、ここに入学して通うことができるのが嬉しい」

ポジティブなフラッシュメモリーを持つ生徒は、学校から離れるのではなく、学校に向かっていくのだ。

ポジティブなフラッシュメモリーを作るのは、自由な連想を超える作業である。そこには、脳が以前、保存した情報を読み込むときに影響を及ぼすプロセスが関わっている。

トータルがポジティブなリコール

「リコール社へようこそ。あなたの夢を本当の記憶に変えます」

映画『トータル・リコール』(コリン・ファレル主演のリメイク版。1990年のシュワルツェネッガー版ではない)では、仮想エンターテイメントを売り物にするリコール社が、夢を本当の記憶に変えると請け合う。コリン・ファレルが扮するダグラス・クエイドは工場労働者だったが、本当はブリテン連邦のスパイだったという夢を何度も見ていた。そこで、刺激を求めてリコール社を訪れ、記憶を植えつけてもらおうとする。スパイのような気分を味わいたかったのだが、記憶を植えつけられる前に、本物のスパイがやって来てダグラスを捕まえようとする。まだ見ていない人のためにネタバレはせず、これだけ伝えておこう。スパイに捕まりそうになった時点でダグラスは気づき始める。誰かがずっと昔に自分の記憶を書き換え、そのせいで、自分は別人として行動していたのだと。

わたしたちが世界をどう見て、その世界のなかでどのように行動するかは、過去の記憶に大きく左右される。記憶を呼び起こすのは、過去の情報にアクセスすることだ。脳は常に体験したことを暗号化し続けている。脳のコーデック――人生において体験することを理解し、解釈するためのルール――は、世界を見るためのレンズにもとづいている。コーデックが楽観的なら、記憶には楽観的な解釈が加わる。コーデックが悲観的なら、記憶は悲観的に解釈されている。例えば、過去のキャンプ旅行に対して強いネガティブな感情を抱いているなら、その体験は悲観的にコード化されているので、キャンプ全般に対する感情がネガティブになる可能性は大きい。

脳は記憶を呼び起こすときに、最初の反応と同じパターンの神経活動を行う。そのため、過去の情報を呼び出すと、脳に残っていた感覚がよみがえってくるのだ。神経科学者によれば、思い出すことと考えることは本質的に同じようなものらしい。どちらも脳に保存された情報を集め直す作業だからだ。

グーグルに過去の検索の履歴が残っているように、脳には出会った人や出来事に関する膨大な記憶が保存されている。事実、グーグルは格好の例である。わたしたちは時間とエネルギーに余裕がないことが多いので、オンライン検索をする際にはグーグルの検索結果で最上位に出てきたものを真っ先に閲覧する。

この順位を上げるために、企業のＳＥＯ（サーチエンジン最適化）を専門にする会社が何千もある。彼らの仕事は、キーワードに対して、特定の企業のＵＲＬの表示順位を上げることだ。コール博士がサニーサイド高校で行ったのはまさにこれである。ポジティブなイメージが上位に出現するようにして、サニーサイド高校について、低い卒業率や絶望がフラッシュメモリーとして想起されないようにしたのだ。

実は、頭のなかで「再生」されるものは、本来の「記録」または暗号化されたものとまったく同じではない。わたしたちが、実際にはそれが現在、起こっているのではないことを頭の片隅で認識しているせいでもあるが、さらに重要なのは、他の情報が記憶の再生に影響を与えることだ。記憶がコード化されたあとに、新しい情報が取り入れられた場合、記憶が脳内で改変され、人、場所、もの、出来事について次に考えたときには、本来の記憶とは別のものが再生される。つまり、脳内に保存されたあらゆる記憶は、何かに影響されたり、書き換えられたりする可能性がある。だからこそ、記憶は変えることができるのだ。さらに重要なのは、他者に動機づけを与えるためにもそれを利用できるということである。

フラッシュメモリーを調べれば、あなたが世界をどのように見ているかを確認できる。以下の項目について、自分のフラッシュメモリーを書き出してみよう。

1 職場または学校
2 過去1年のこと
3 同僚
4 子供(またはあなた自身)の数学の成績
5 挑戦的な人々
6 マクドナルド
7 初めての仕事
8 住んでいる国

これらを書き出し、さらにいくつかの項目についても書き出したなら、自分の脳がどんなレンズで世界を見ているのかがわかる。注目されたい、権力がほしいといった傾向が際立つ人もいる。すべてのフラッシュメモリーに暗い影があり、うつ病の徴候が見られる人もいる。一方、フラッシュメモリーによって、楽観的な傾向が明らかになる人もいる。

フラッシュメモリーは業績予測に役立つため、企業や政治運動、マーケティング担当者にとって不可欠となる。例えば、あなたにとってマクドナルドに関するフラッシュメモリーはどのようなものだろうか。安価な食べ物？　それとも、業界で最高品質のフライドポテト（これは本当！）？、もしくは熱いコーヒーをこぼされて客に訴えられた事件を思い浮かべるだろうか。ナイキならどうだろう。有名アスリートか、それとも搾取工場か。ウォルマートなら？　従業員の給料の額か、それとも慈善事業への寄付金の額だろうか。

ポジティブなフラッシュメモリーは、定着しにくい。脳は周辺の脅威に注意を払っているために、ネガティブな方向に傾きがちなので、わたしたちもネガティブなものごとに注目しやすいからだ。休暇のあとは、ホテルの部屋から見た美しい景色よりも、食事がいまひとつだったという記憶のほうが焼きついているかもしれない。ポジティブなフラッシュメモリーを定着させるには、より意識的に注意を向ける必要がある。

例えば、コール博士は、サニーサイド高校の生徒のために、ゲイツ・ミレニアム奨学プログラムの話でポジティブなフラッシュメモリーを作っている。ある場所、地域、達成しつつある仕事の裏にある意味についてポジティブなイメージを確立させるには、手間がかかることも多い。

他者のフラッシュメモリーを書き換えて、状況に対する見方を変えることも可能だ。

『トータル・リコール』のように新しい記憶を加えるのは無理かもしれないが、同僚、生徒、子供が今、持っている記憶に影響を及ぼすことはできる。例えば、あなたは小学校が退屈で、いじめっ子だらけだと思っているとする。ところが、相談した母親から他の体験のイメージを与えられると、本当は楽しいところなのかもしれないと思い始める。親しい友人がいるし、ホームルームは楽しい。毎日、運動場で遊ぶのに夢中で、母親が迎えに来てもなかなか帰りたくない、といったことに気づくかもしれないのだ。

新しい事実を加えて記憶を変えることを記憶の再構成と呼ぶ。成功談を繰り返し語ることで記憶をよりポジティブにするプロセスである。ポジティブな話題や事実を心に響くように繰り返し語ることで、新しい情報が脳に取り込まれる。その後、本来の記憶を呼び出すと、新しいデータが追加されている。この新しい情報のおかげで、脳が呼び出す記憶がわずかに異なるものとなる。相手にとって、知的にも、感情的にも魅力的な情報を十分に与えれば、他者や状況、自分自身が成功する可能性への意識を大幅に変えることができる。

犯罪事件などの証人の記憶を「聞き出す」法廷弁護士は、このことをよく知っている。彼らは言葉を変えて、記憶の解釈をねじ曲げようとする。この現象はエリザベス・ロフタスが行った実験によって明らかにされている。実験では、質問の言い回しを変えることで、回答がどれだけ影響されるかを示した。

実験の参加者は2台の車による事故のビデオを見せられ、事故の目撃者として起こったことを思い出すように言われた。質問は具体的で、なかには「車が互いに〈激突した／衝突した／ぶつかった／当たった／接触した〉ときの速度はどのくらいだったか」というのもあった。実験参加者が推定した速さは、質問に使われた動詞に影響を受けているようだった。〈激突した〉という言葉で質問された被験者は、〈接触した〉という言葉で質問されたグループより時速16キロ近くも速かったと答えた。[1]

では、前述した研究とその結果の話に戻ろう。この研究で示されているのは、記憶は影響されやすいということだ。新しい情報を与えられると、本来の記憶が変わる。そのため、本人が思っている以上にすばらしい将来が待っていることを説明する新しい情報が周囲から与えられれば、自分の将来に関する考えを書き換えられるということだ。さらに、成功談を繰り返し語って将来性に関するフラッシュメモリーを書き換えると、行動全般が大きく変わるのである。

では、成功談を使ってどのようにフラッシュメモリーを書き換えればいいだろうか。その秘訣は「功績に着目する」「どのように伝えるかを選ぶ」「伝える頻度を決める」の3つだ。

書き換えの秘訣1　成果に着目する

不動産業者リマックスの従業員は誰でも「32年間の止まらない成長」の話を教わる。同社の財政面での驚くべき成長は１９７３年から２００４年まで続いた。その話はたいてい、畏敬の念を起こさせるような棒グラフの形で語られる（単なる棒グラフがこれほどの効果を発揮しているのはすばらしいことだ）。シニアリーダーたちはこのグラフを誇らしげに、あらゆる場所に掲げている。グラフは、同社の売り上げが30年間で２１００万から1億超へと、驚くほどのポジティブな軌道を辿《たど》ったことを示している。これは最高の営業ツールであり、同社で働きたいという気持ちを起こさせるものでもある。

リマックスは、業務についての物語作りがうまい。同社には「世界と共有する価値があるビジネスをする」という哲学がある。トップエグゼクティブから成るコアチームによって、競争ではなく、助け合いの精神が社内に広がっている。メンタリング、研修、継続的なフィードバックによって従業員が互いに支え合い、販売目標を達成する。従業員は仕事の背後にある意味を常に忘れないようにしている。それは、マイホームの夢を叶える手助けをするということだ。同社の主要な重役たちは将来の成功を一度も疑わなかった。リマックスの共同創設者ゲイル・リニガーは、すばらしい業績に驚いているかという質問に否と言い、こう答えた。「実際のところ、遅すぎるくらいだと思っていました」。同社にとって、成功と業務の背後にある意味に意識を集中させることが、より大きな成功の糧になった。サニーサイド高校と同様に、すでに達成した業績に着目したことが、さらなる業績達成につながったのだ。

チームのメンバーに動機づけを与えるのが目的なら、最新の成果に注目させよう。そうすれば、今後の業績達成に向かうのにふさわしい考え方を身につけさせられる。わたしは多くのマネジャーが業績向上の罠にはまり、逆効果のことをするのを見てきた。彼らは、従業員を管理するには常に建設的なフィードバックを与え、何に取り組むべきかをわからせる必要があると考えていた。しかし、それが間違ったアプローチだと示す研究は多い。子供が新しいスポーツを習うときも同様である。改善を要する点よりも、子供たちが達成した点をもっと頻繁に強調したほうがいい。

競泳選手についての研究では、成績が振るわなかった場合に、励まされながら指導的フィードバックを受けた選手のほうがより努力し、難しい挑戦を好む傾向にあるとわかった。[2]また、すぐに褒め、ふんだんに励ますと同時に指導的フィードバックを与えるコーチは、すでに好成績を出している選手が相手でも、同じように選手のやる気を引き出した。指導的フィードバックをすることは悪くはないが、良い部分にも注目しなければ、成績全般が下がってしまうおそれがある。

わたしたちは生来、職場で自分が求められている水準を満たしていないのではないかと怖れるなど、周囲の脅威を見つけ出そうとするようにできている。だからこそ、ポジティブな情報の発信者にとっては、うまくいっていることすべてを強調するのが大切になる。ジャーナリスト・マニフェストにおいて、わたしはジャーナリストに同じ主張をする。このジャーナリスト・マニフェストでは、困難を克服した人々のポジティブな話を大きく取り上げるだけで、どれだけ社会全体の成功の糧になるかに目を向けている。ビジネスではポジティブな面を押し出すのが容易だ。

例えば、ペイパルは特許証をオフィスの壁に掛けるだけでなく、メインの入口にテレビを置いて同社の最新の進歩を喧伝するビデオを流している。ロサンゼルスで暮らすわたしの弟はシンガーソングライター兼プロデューサーなので、自分のCDとアルバムのジャケットをスタジオの壁に掛け、自分自身とチームがこれまでの努力を思い出せるようにしている。かつてわたしは、大学の学位授与証明書をオフィスの壁に掛けるのはわざとらしいと思っていたが、そうするだけの意味があるのだ。

ポジティブな面に注目した、もうひとつのすばらしい事例は民間の調査報道団体であるベター・ガバメント・アソシエーション（BGA）に関するものだ。ABCで報道記者を務めたアンディ・ショーが率いるこの団体は、国の各省の汚職を調査し、市民参加と政府官僚を監視することによって改革を推進している。だが、この未来志向の団体は、問題を指摘して粘り強くそれを解決していこうとするだけでなく、現在うまくいっていることにもスポットライトを当てている。

グッド・ガバメント・スポットライトは、BGAの編成と調査部門のディレクターであるロバート・リードによる新しい構想だ。「BGAが重んじる行政の透明性、説明責任、能率、納税者と地域に対する公正さを体現している」

　取り上げる政府の職員、制度、機関、組織は地域の人々が推薦する。例えば、イリノイ大学の理事長クリス・ケネディが、入学関連の不祥事に対処して同大学を凋落から救い、新たな地位に引き上げたという話を紹介している。また、公的年金制度が破綻するなか、イリノイ州公務員年金の順調な運営ぶりにも注目した。人々が参考にできるよう、困難に直面しながらも成功する方法の見本を世間に知らせているのだ。いうまでもないが、それにより、シカゴの人々にポジティブなフラッシュメモリーが定着する。

　家庭でもポジティブなことにスポットライトを当てると、子供の動機づけに驚くほど効果を発揮する。4人の子供の父親であるスチュアートは、子供たちが面白いことを言ったり、したりするたびにメモをとる。即興と喜劇の教室に長く通っているので、子供たちの、特にうえの2人のユーモアのセンスが育っていくのを楽しみにしている。毎週金曜日の夜、夕食の席で、もっとも面白かったことを家族に話して、みんなで追体験する。みんなが大笑いし、次の週も面白い瞬間を探そうと思うようになる。

　オンラインの靴小売りザッポスのCEOであるトニー・シェイは、職場環境を楽しい場所に変えたことで知られている。夕食をともにしたとき、シェイはわたしと夫に、コールセンターを楽しい場所に変える（コールセンターが退屈だとすれば）方法をいくつか教えてくれた。

例えば、仕事場はチームごとに決められたテーマに沿って飾りつけられている。ラスベガスのオフィスツアーに参加すると（そう、ザッポスにはオフィスツアーがある）、チームが積極的に参加者に挨拶をする。彼らの創造性、経済的に苦しんでいるダウンタウン地区を再生しようという意気込みが参加者によく伝わる。ザッポスは意図的にポジティブなフラッシュメモリーを従業員と来訪者に定着させようとしている。ザッポスという言葉を聞いた顧客に靴だけでなく、楽しさや地域とのつながりも思い起こしてほしいからだ。

チームや家族の動機づけとして、あなたはどんな話にスポットライトを当てるだろうか。これまでにグループとして何を成し遂げたか。脚光を当てるなら、どんなポジティブな話題があるか。あなたの子供について、最近どんな成果があっただろうか。どんなに昔のものでも、どんなに小さなものでも助けになる。

書き換えの秘訣2　伝える形式を選ぶ

成功談は、感情移入できるものでなければ役立たない。感情移入できるかどうかは、内容だけでなく、誰がどのように伝えるかで決まることが多い。放送ジャーナリズムでは、インタビューから映像、ストーリーまで、話題をどう伝えるかが、視聴者の気持ちに大きな影響を及ぼす可能性がある。

これについては、わたしのポジティブ心理学者の仲間で、現在、ペンシルベニア大学ウォートンスクールの教授アダム・グラントが行った研究によって明らかにされている。グラントと彼のチームは、母校ミシガン大学の寄付金を集めるために電話をかけるスタッフに動機づけをする方法を探していた。『GIVE & TAKE「与える人」こそ成功する時代』（三笠書房）に記されている通り、グラントはコールセンターに次のような言葉が掲げてあるのを偶然見た。「ここで良い仕事をするのは濃い色のスーツを着てお漏らしをするようなもの。温かいものを感じるが、周りは誰も気づかない」[3]

スタッフに動機づけをするため、コールセンターのリーダーは次のシフトが始まる前に、「集められた寄付金は、キャンパス内の建物、優秀な教授への給料、スポーツの助成金にも使われる」と説明した。この愛校心に満ちたスピーチに効果はあっただろうか。なかったのだ。寄付金はまったく増えなかった。

そこで、グラントは、奨学金の受給者を連れてきて、無作為に選んだスタッフらのグループと話をしてもらった。受給者の学生は数分間、奨学金がいかに自分の人生を変えたかを説明し、スタッフに感謝を伝えた。他のグループは、手紙を読んだが受給者には会わなかった。もうひとつのグループは、受給者に会うことも手紙を読むこともなかった。

次の30日間、奨学金の受給者に会ったスタッフは、平均でそれまでより171パーセントも多くの寄付金を集めた。電話をかける時間も長くなった。手紙を読んだだけのグループと、受給者とまったく接点を持たなかったグループには変化が見られなかった。自分たちの仕事の恩恵を受けた人から話をじかに聞いたことで、他の手法にはできない動機づけができたのだ。また、この事例では、受給者から良い話を聞いたスタッフは、潜在的な寄付者にそれを語ることができるという拡散力があった。

仕事の裏にある意味のおかげで、もっと働こう、もっと良い仕事をしよう、という気持ちが高まるし、自分たちの仕事から影響を受けた人に話を聞けば、その仕事の成果を知ることができる。

影響を与えようとしている人々に成功談を伝えるための最適な方法を考えてみよう。例えば、事務方のスタッフには、彼らがいかに役立っているかをクライアントから話してもらうのもいい。元教え子から順調であることを伝えるメールが届けば、教師は現在の生徒をもっと熱心に指導しようという気になる。あなたの子供が、例えばセント・ジュード小児研究病院のために寄付金を集めているなら、家族でそこを訪れ、子供にじかにその成果を見せられるといい。

重要なのは、個人に向けたメッセージだ。直接、届くものが一番だが、ビデオを使うのもいい。例えば、わたしが参加した医療機器メーカーの年次会議の冒頭で、同社の開発した機器を医師が使い、患者の命が助かったというビデオが流された。良く出来たビデオで、セールスやバックオフィス担当者、販売代理店など会場にいたみんなが涙した。ビデオ、ソーシャルメディアやニュースレター、掲示板なども、初めて受け取る個人的なメッセージを強化する一助になるだろう。

書き換えの秘訣3　頻度を決める

感情的な絆を作るための話を選び、その伝え方までは決めた。最後のカギは成功談を繰り返し語ること。もう一度繰り返したい。成功談を頻繁に、繰り返し語ろう。

トマス・スミスの1885年の著書『成功する広告』という手引書には、人々が広告にどう反応するかが記されている。

1度目は目もくれない。
2度目は気づかない。
3度目はそこにあると気づく。
4度目にどこかで見たような気がすると思う。
5度目にようやく広告を読む……。

この古典的アドバイスは今日でも通用する。人の注意を引きつけることに注力する現代の広告主は、最初の3回では広告が人に「見られる」ことさえなく、5回目になってやっと意識されるのを知っている。しつこすぎても困るが、メッセージを伝えるには、繰り返しが大事だ。

研究者で、ゼネラル・エレクトリック（GE）社マーケティング部門の責任者を長く務めたハーバート・クルーグマンは、人にメッセージを理解してもらうには最低でも3回は伝える必要があることを明らかにしている。クルーグマンによれば、わたしたちは情報に接すると、好奇心、認知、決定という3つの心理状態を経験するという。[4] この研究結果は、大手広告主が広告の頻度を決める基準に大きく影響している。

繰り返しは、文化の一部を形成するのにも重要になる。したがって、すでにポジティブなメッセージを伝えているとしても、それを何度も、何度も伝えるべきだということを強調したい。やりすぎであることはめったにない。1度か2度伝えて、それでおしまいだと思ってしまうことがよくあるからだ。年度末の数字が良かったとか、あなたのお嬢さんがヒスパニック奨学生に選ばれたとかいった話をみんなが既に知っていると思うかもしれないが、多忙で刺激過剰な毎日を送っていると、情報はなかなか頭に定着しない。繰り返し伝えれば、相手はそれを思い出しやすくなる。

フラッシュメモリーは、頻繁に繰り返すことで強化される。神経科学者によれば、情報は脳内のさまざまな場所に収められ、記憶を引き出す際に集められるという。わたしたちの記憶は書斎の棚に並ぶ本というよりはコラージュのようなもので、関連した情報が神経回路網や連想によって結びつけられるとも言われている。記憶を引き出すときは最初に記憶が書き込まれたときと同じ神経の回路を通るので、その回路が強いほど思い出しやすくなる。強い神経回路にある記憶は、速く簡単に心に浮かぶ。ドイツに旅行したときに飲んだビールの味を、どの店で飲んだかよりもよく覚えているのはそのためだ。ビールの記憶をコード化したときはビールのほうが大事で、それ以来、何度もそのことを思い出しているのだろう。どのパブで飲んだかはそれほど大事ではなかったのだ。情報は引き出されるたびに、長期記憶として保存されている場所から短期の作業記憶の場に運ばれ、再び長期記憶に戻される。このようにして、記憶は強化されるのだ。

　ある対象について深く考えることはポジティブな連想をするのに役立ち、より多くのポジティブな情報を与えると、ネガティブな結論を出す確率を下げることが多くの研究で示されている。[5] ポジティブな話を何度も繰り返すと、その記憶を引き出す神経回路が強化され、ポジティブなフラッシュメモリーも強化させられる。

　また、情報を繰り返し伝えるのと同様に大切なのは、その知識を実際にテストする頻度だ。神経教育学の分野の研究では、記憶後にテストをすると、その記憶がさらに強化されることが明らかにされている。ちょっとしたテストをすると情報がより速く正確に思い出せるようになり、対象に対する理解が深まり、問題解決能力が向上する。これはテスト効果と呼ばれ、記憶をより長期に保持できるようになるだけでなく、多すぎる情報に圧倒されるのを防ぐのにも役立つ。

サイコロジカル・サイエンス誌で発表された論文によれば、小テストは学習効果を向上させるのにもっとも有効なツールのひとつだという。頻繁に小テストを受けていた項目に関する試験のほうが、テストを受けていなかった項目に関する試験よりも生徒の得点が良かった[6]（わたしも自分の息子に長時間勉強させるより小テストを受けさせたくなる）。また、小テストは平均評価がCの生徒にとってもっとも効果があることが、別の研究によってわかった。抜き打ちの小テストのおかげで、彼らのほとんどが評価を1段階上げたのである[7]。テストは学習の成果を評価するだけでなく、学習を促進する役割を果たす[8]。記憶の定着を図るのであれば、テストは不可欠だ。

わたしたちが協力したある保険会社でシニアリーダーを務めるラリーは、月に1度行われる会議でテストをする。ただし、チームのメンバーにはテストをしていることを知らせない。会議では、出席者の誰かに関するポジティブな話をするように、と3人を指名する。とくに同僚のおかげでどれだけ仕事がしやすくなったかを話させる。3人が話し終えると、この同僚が助けになったのはどんな能力のおかげかとメンバー全員に聞く。そうすることで、メンバーが話を聞いていたのを確かめると同時に、話題になった人の良い点をさらに見つけさせようとしているのだ。質問をして、それに答えてもらうだけで、こうした話がメンバー全員の記憶に強く残る。

だから、もう1度、言おう。すぐにポジティブなフラッシュメモリーを作るには、繰り返しが重要だ。

まとめ

地域のイベント用のTシャツがなければ、そんなイベントはなかったかのような気になってしまうことをわたしたちは知っている。乳がん啓発運動の寄付金集めのウオーキングイベントのTシャツは、すぐれたリマインダーだ。引き出しから出すたび、大事な目的を思い出させてくれる。そのTシャツがなければ、自分がその日に行ったポジティブな努力すべてがすぐに遠い思い出になってしまうだろう。

サニーサイド高校では、黒地に白い文字で「互いに力を与えよう。支援し、尊重し、成功する」と書かれたTシャツを着ている人を少なくとも1日、数人は見かける。これは、苦境にあった彼らが、期待を大きく上回る成果を挙げるようになった大改革の過程で選ばれた標語だ。生徒や理事がそのTシャツを着るのは、成功を収めたからだ。黒と白のTシャツは文字通りそれを思い起こさせ、サニーサイド高校が、通いたくなるような明るい場所になったことをよく反映している。

ポジティブなフラッシュメモリーを作る成功談が多くなるほど、前進しようという意欲が高まる。功績にスポットライトを当て、ポジティブな話題を見つけ出し、それを伝える形式を選んで適切なところから広め、人々の心に響かせながら繰り返し伝え、記憶に定着するように頻繁にテストをする。そうすれば、ポジティブな話題を思い出すポジティブな神経回路が強化されて、未来の成功の糧になる。

まずは、やってみよう

ネガティブなフラッシュメモリーの書き換えが、動機づけと成功の糧となるような状況を見つけよう。次に、ポジティブな話題を集め、3つのフラッシュメモリー書き換えの秘訣に沿ってターゲットとなる人々にいかに伝えるかを考える。情報を伝えたら、それが定着しているかどうかをテストし、成功の見込みについての考え方にどのような効果をもたらすかを観察しよう。

ルール3

よい質問でポジティブ思考を引き出す

10歳の子供2人がタバコを手に歩いている。2人には話さなければならない相手がいて、時間が迫っている。男の子は、おさげの小さな相棒と一緒に、タバコを吸っている若い女性に近づいて言う。「お姉さん、火を貸してもらえませんか?」

女性はためらい、困惑した表情で男の子を見る。「タバコなんてダメ。体に悪いよ」

2人は次々とタバコを吸っている人に同じことを言い、自分たちと10歳も違わない人々から同じような返事をされる。誰も2人に火を貸そうとはしなかった。

2人は、断られた相手に礼儀正しくパンフレットを渡して立ち去る。それぞれがパンフレットを読む様子を、広告会社のチームが撮影する。そこに次のようなメッセージがある。「あなたはわたしの心配はしてくれるのに、自分の心配はしていません。これに気づくことが、やめる一番の助けになります。わたしたちのホットラインに今日、電話をして、禁煙しましょう」。この映像を使った禁煙運動の広告が放送された翌週、ホットラインへの電話は40パーセント増えた。[1]

この子供たちはまったくの他人に、不健康な習慣について考え直すきっかけを与えた。巧みな質問ひとつで、独善的な批評家や医療の専門家が言うのではなく、喫煙者自身から答えを引き出したのだ。彼らの多くは、自分の身体を気遣いたいという気持ちを（外から押しつけられたのではなく）みずから呼び起こした。そして、喫煙の習慣を捨てたとしても、パンフレットは捨てなかった。

わたしたちは、発信する情報の内容にばかり気を取られがちで、ポジティブな質問の効果を忘れてしまう。想像してみよう。2人組の子供ではなく、眼鏡をかけた中年男がボードを手にタバコを吸っている人のところへ行き、喫煙によるもっとも深刻な害をそっけなく、あるいは熱く述べたらどうなるだろうか。相手はネガティブな反応を示し、喫煙を続けるだろう。どちらの場合も、喫煙者の頭に入るのは同じ情報だが、質問のほうがより強い効果がある。質問は、心の壁を破り、風穴を開けることができるのだ。

この章では、良いタイミングで、よい質問をして、人々のストーリー、習慣、動機づけに変化をもたらす効果的な方法を考える。

わたしは文字通り質問をするのが仕事だった。ニュース番組の報道記者だった頃、よい質問によって重要な情報に光を当て、人の考え方を変え、新たな関心を呼び起こせることを知った。メディア業界では、早い段階で、オープンエンドの質問をするようにと教えられる。そうすれば、もっとも興味深い話をするよう相手を仕向けられるからだ。営業の仕事でも同じことが言える。

わたしたちの会社グッドシンクで営業を担当するジョーダン・ブロックは、以前は、デル社のトップ営業マンの1人だった。ジョーダンの営業戦略は明快だ。営業初心者のように延々と売り口上を述べるのではなく、電話をかけると、まずいくつかの質問をして、あとはほとんど黙っている。将来、顧客になるかもしれない相手の話を真剣に聞いているのだ。するとたいてい相手のほうがその商品を買うべき理由を口にするか、少なくともジョーダンにどうしてほしいかをはっきり教えてくれる。営業マン、報道記者、セラピスト、修理工その他の職業の人、また、子育て中の専業主婦または主夫にとっても質問をすることは役に立つ。相手の返事に耳を傾ければ発信すべき情報を得られるだけでなく、ネガティブな考えを遮って、ポジティブなメッセージに説得力を持たせるカギになる。

次の4つの問いかけは、わたしがメディア業界で学んだもので、「敵対的な」相手だけでなく、経験豊かで洗練された相手にインタビューするときにも用いた。質問の目的は次の通りだ。自分の情報発信に必要な話題を得る。ネガティブな流れをポジティブに切り替える。ポジティブな結果に結びつくような質問をもっとするように相手を促す。リーダー、親、友人の立場でこういった質問を利用すれば、望む結果を得るために必要な情報が得られる一方で、相手には最初から自分がそう考えていたと思わせることができる。

質問は個別に使ってもいいし、組み合わせてもいい。冒頭の喫煙者の例のように、相手の反応を抵抗から成功に変えるためにも使える。

変化を促す問いかけ1　黄金を掘り当てる

質問をするのは簡単だ。本当に大事なのは、適切な質問をすること。ここでは質問によって「黄金を掘り当てる」方法を伝えたい。変化をもたらすために、効果的で説得力ある情報発信をする助けになるだろう。わたしが気に入っているのは、わたしたちのウェブサイトに紹介された体験談だ。

フランチェスカは、中規模の製薬会社の営業部門を担当するバイスプレジデントで、全米に300人近くいるセールス担当者を管理している。セールス担当者の大半は遠方にいるが、毎年開催される営業会議のためにアリゾナ州フェニックスに集まる。フランチェスカにとってこの会議は、チームのメンバーに直接会い、全体の士気を高めるチャンスだ。それまでは、毎年、長いスピーチをしてチームのやる気を促すために薬品開発や特許について話した。売り上げの前年比を示し、新しい1年を迎えて取り組むべきことを伝えた。

ある年、何か違うことをやってみようと思った。そして、黄金を掘り当てたのだ。プレゼンテーションの前に、CFOではなく、セールス担当者に質問をしたのである。なぜ売り上げが伸びているのか、と。「なぜ」という質問によって、薬の特許のおかげではなく(同業他社も同程度、あるいはより良い特許を持っていた)、クライアントに迅速に対応することができる技術的なプラットホームのおかげでもないことがわかった。

もっとも業績の良いセールスリーダーがフランチェスカに問われて答えたのは、質問をしたこと、また、チームのメンバーにも同じように質問を活用するよう促したことだった。フランチェスカ自身も新たに質問する手法を取り入れたため、さらに詳しく話を聞いた。セールスリーダーによれば単純明快なことで、顧客と時間をかけて絆を築いているのだという。

あるとき、顧客から約束をキャンセルしなければならないという連絡があった。それまでに顧客とは絆ができていたので、何かあったのかと尋ねた。すると、顧客がオハイオ州コロンバスの地域病院で化学療法を受けるのだとわかった。セールスリーダーは病院に見舞いに行った。最新の薬品を売るためではなく、顧客を元気づけるために。

その後も、顧客の様子をたびたび見に行くようになり、家族とも親しくなった。新しい取引のためにやったことではないが、結果としてそうなった。思いやりから質問をして、顧客を支えようと会いに行ったおかげで、さらに多くの情報を得られた。闘病中の顧客は、まさにセールスリーダーが売り込んでいた薬品のひとつを使っていたのがわかった。化学療法が功を奏したあと、顧客はセールスリーダーとの契約を一新し、一緒に医学部に通った全国の医師も紹介してくれた。適切な「なぜ」の質問が売り上げにつながったうえに、部下にこうした手法を勧める論拠にもなった。

フランチェスカはスピーチの冒頭でその話をして、売り上げが伸びたのはこのセールスリーダーの思いやりと質問のおかげだと語った。さらに、セールスチームから聞いた献身、独創力、知恵に関する他の例についても話した。例えば、カリフォルニアのセールス担当者がある病院の輸送コストを何千ドルも抑える方法を考え出し、その結果、翌年の受注が5パーセント増えたことなどだ。

適切な質問のおかげで、セールス担当者から意義深く、感動的な話が聞けるので、毎年チーム全体の前でプレゼンテーションをする際にそうした話ができる。その結果、売り上げ目標の達成にばかり夢中になっていたり、萎縮してフランチェスカと話せずにいたりしたセールス担当者たちが次々にそばに寄ってきて、彼女のプレゼンテーションに感謝し、他の成功談を語るようになった。フランチェスカからのメールの最後にはこう記されていた。「昨年の売り上げが22パーセントも伸びましたが、誰もその話をしませんでした。みんな、仕事の背後にある意味に気持ちを集中させていたのです」。これこそが金塊である。

このやり方は親、教師、コーチにとっても役立つ。親が子供に話を聞くとき、よくこんな質問をする。書き取りのテストの点はどうだった？　宿題はやったの？　お稽古には何時までに着かないといけないの？　こういった親は、子供の中に眠る黄金を見逃してしまう。次のような質問で得られる大きな見返りについて考えてみよう。

書き取りのテストでAが取れたのはなぜ？　どうやって宿題を早く終わらせられたの？　コーチがその練習を何回も繰り返しやらせるのはどうして？　「何をしているの？」という質問でさえ、「どうしてそれをやるの？」と続けて聞かない限り、あまり役に立たない。こういった質問は子育て全般がうまくいく助けになるのだ。

一部の話題を避けて、親としての責任を放棄することを勧めているのではない。

わたしの義母がこれを実際に体験したのは、ずっと昔の母の日のことだ。日曜礼拝の説教が終わるときだった。別の部屋で子供だけの礼拝に参加していた子供たちが、手作りのカードを持ってホールに戻ってきた。子供たちはオルガンの演奏に合わせて、白いユリで飾られた通路を歩き、めいめい自分の母親にカードを手渡した。義母が（のちにわたしの夫となった）ショーンからカードを受け取って最初に驚いたのは、黒い紙が使われていたことだ。カードの表には大きなガイコツと2本の骨が交差した絵が描かれていた。それは義母がショーンに毒の象徴だと教えたものだった。

カードを開くと「母の日おめでとう、ママ」と書いてある。傷つき、困惑した義母は、美しいカードを手にした他の母親に自分のカードを見られことに気づいて顔を赤くし、ショーンに質問をした。「なぜ？」ショーンはこともなげに答えた。「ママが大好きだから、絶対に死んでほしくないんだ」。ショーンの気持ちがわかり、義母は今でもそれがお気に入りのカードの1枚だと言っている。「なぜ」は「何」よりずっと重要なのだ。

「なぜ」の質問がすばらしいのは、上手に聞けば、何もないところから文字通り5秒で黄金が得られることである。わたしの知るもっとも成功しているCEOの1人は、これが得意である。彼女が誰かに「調子はどう？」と聞くと、相手はたいてい「元気だよ」と答える。その返事の調子次第で、彼女は「どうして元気なの？」とか「なぜそんなに元気なの？」とさらに聞く。それだけだ。何の情報もなかったのが、たった5秒で黄金を得られるかもしれない状態になる。これは彼女が使うもっとも簡単な方法のひとつで、これまでのキャリアでずっと役立ってきたそうだ。ポジティブな情報発信者として成功するにはまず黄金を集めよう。秘訣は「なぜ」と質問することだ。

変化を促す問いかけ2　焦点を変える

もっとも効果的な質問の2つめは、「焦点を変える」ことだ。考え方は簡単で適切な質問をすれば、望んだ返事がもらえるということである。法廷で非協力的な証人がいたら、欲しい答えを誘導する質問をすればいい（「誘導尋問」とも言われる）。「焦点を変える」問いかけは、特定の答えを引き出すためではなく、相手のネガティブな考えやストーリーをポジティブなものに変えるために使われる。

適切なタイミングで適切な表現による質問をすると、相手の意識の焦点が変わり、新しいアイデアやパターンが生まれる。例えば、セールス担当者が「コンピュータがデータを読み込むのを待つ時間はありますか？」と尋ねるときはこの戦術を使っている。もちろん、忙しいのだからそんな時間はない。有能なセールス担当者はこう質問することで、意識を新しいコンピュータを購入する費用ではなく、生産性の低下に向けさせているのだ。

子供への質問にも有効に活用できる。「今すぐ寝たい？　それともあと5分起きて、それからにする？」夜更かしは楽しい。だから、子供の意識は、もちろん、あと5分起きていられるほうに向かう。無理矢理、寝かしつけて抵抗に遭うのではなく、こういった質問で相手を誘導するのだ。必ずしも、すぐに有罪を確定させたり、一晩だけ早く眠りに就かせたりするためではなく、もっと大きな成果を繰り返し得るのが目的である。焦点を変えれば、答える人が現状からポジティブな部分を積極的に見出せるようになるという利点がある。良い答えを得たいなら、まずは質問をして、その方向に焦点を当てよう。

２０１０年7月に、このテクニックを使った最高の例のひとつを目の当たりにした。パーソナルケア商品を扱うバーツビーズ社は、同社の企業理念と環境にやさしい取り組みを誇りにしている。新たに12カ国を超える国々に事業拡大を始め、大きな変化の途上にあった。あまりに速い成長のせいで、世界各地のメンバーから成る幹部チームには互いに一度も会ったことがないメンバーもいた。成果の見込みに対する文化的な違いから緊張も生じた。プレッシャーの大きさから、メンバーの多くは部下に厳しい期限を突きつけ、会社の価値観、理念、仕事の背後にある意味といった本質的なものを見失っていた。従業員は仕事や生活の質よりも生産性に重きを置き始めた。やがて、みんなの不安レベルが一気に上昇した。その結果、扁桃体という脅威に対処する脳の部位の働きが活発になり、有効な問題解決を司る前頭前皮質に向かうエネルギーが奪われた。

それを見て、当時のCEOであるジョン・リプローグルは方針を変えた。わたしたちに、世界中の幹部を集めた最初の会議の進行を任せたのである。3時間にわたる会議のテーマは、職場にもっと幸せをもたらす方法だった。リプローグルはわたしたちの研究をよく知っていて、それをリーダーシップに応用しようとした。とくに役立ったのは、戦いに疲れ果てた幹部チームを前に、1時間の非公開の講義をしていたときだ。それは、わたしたちの研修が始まる直前のことだった。リプローグルは数字と売り上げ目標で埋め尽くされたパワーポイントの資料を使ったプレゼンテーションを中断し、こう尋ねた。

「チームと会社の価値観について最後に話をしたのはいつで、そのときに何を話したか？」

幹部の何人かが、会社の価値観と自分たちの仕事をいかに結びつけたかを説明した。すると他の幹部が、生産性への影響や、中核となる価値観をいかに維持するべきかについて質問し始めた。目標達成期限よりも大切なものに意識が向かうにつれ、文化の相違による軋轢《あつれき》は消え始め、緊張がほどけた。話し合いは時間の無駄ではなかった。同社は1年のうちに19カ国の市場の参入に成功し、同時にポジティブな価値観を発信し続けた。

禅には公案という修行課題がある。それは、無意味または見当違いに思われる質問によって、思考パターンを変えるものだ。「片手で拍手をしたら、どんな音がするか」というのがよく知られている。だが、重要なのは答えよりも質問だ。その質問によって人は考えさせられる。瞑想の修行に来た人は何時間も（ときには何カ月も！）、その質問への答えを考えるよう求められる。公案に対する答えは、矛盾したものに感じられるが、考えることが重要なのだ。例えば、良識を捨てるなどして思考のプロセスを変えれば、（何十年もかけ、1人で瞑想を続けなくても）即座に悟りを得られるかもしれない。

ビジネスの世界で焦点を変え、気づきを得る手法のひとつは、アプリシエイティブ・インクワイアリー（ＡＩ）に関する研究にもとづくもので、ビジネスだけでなく、人生のあらゆる局面に役立つ。ペンシルベニア大学教授のデビッド・クーパーライダーとコンサルタントのダイアナ・ウィットニーの『ＡＩ「最高の瞬間」を引きだす組織開発　未来志向の"問いかけ"が会社を救う』（ＰＨＰ研究所）には、こう書かれている。

「ＡＩ」とは人、組織、それらと密接に関わる周辺世界にある最高のものを共進化的に探し出すことだ。ＡＩの広い意味での焦点は、生命システムが経済的、生態学的、人間的観点から、もっとも活発に、もっとも効率的に、もっとも建設的になったとき、何が「生命」を与えているかを体系的に発見することである。ＡＩの中心は、システムがポジティブな可能性をとらえたり、予測したり、高めたりする能力を伸ばすような質問の技術と実践だ。それには、もちろん、何百ときには何千もの人々による「無制限のポジティブな質問」を構築することによって、質問を結集されることが含まれる[2]。

実生活におけるＡＩの例を見てみよう。１９９０年代半ば、巨大通信会社のＧＴＥ（現ベライゾン）に次々と難題が襲いかかった。組織再編、合併、買収、規模縮小。また、新しい電気通信法の制定が見込まれ、それによってさらに変動がありそうだった。経営陣からパートタイマーまで誰もが混乱していた。即座に抜本的な改革をしなければ、ハイテクバブルの陰で会社が自体は塵と化すことになるかもしれない。

顧客対応の９割以上を担うパートタイマーのその年の意識調査のスコアがきわめて悪かったのは当然だ。彼らは職場に不満を抱き、ネガティブな考えを辛辣な会話で伝えていた。シニアリーダーらは、彼らが前向きな気持ちで仕事に集中するのが、顧客のために（そして、同社の存続のために）もっとも重要だとわかっていた。船の傾きを直す方法を見つけなければならない。それもただちに。さもなければ近い将来、操縦する船がなくなってしまう。

そこへ研究者のクーパーライダーとウィットニーが登場し、ＧＴＥの幹部にＡＩの活用方法を教えた。[3] 大規模な軌道修正は、「(リーダーが) いかに６万４０００人の従業員のポジティブな潜在力を会社の改革に向けるか」を学ぶことから始まった。クーパーライダーとウィットニーはＣＥＯからパートタイマーまで全員に、「現在うまく機能していて、もっと推進すべきことは何か」を問い続けるよう課した。現場の従業員にポジティブな問いを集中させたところ、ＧＴＥを活気づける文化を創り出す方法について多くのアイデアが生まれた。短所に目を向けるのではなく、期待を超えるサービスについて顧客から話を聞き、サービスの成功に関する指標を作るとかいった提案や、顧客満足度に関するポジティブな話で会議を始めるといった提案があった（まさしくパワーリード）。拡散力は大きかった。

質問の結果、パートタイマーの焦点が変わり、会社に対する見方が変わり、仕事中の会話も変わった。会社のあらゆる欠点に目を向ける癖が再発しなかったのは、「ＡＩがあらたな〝会話の習慣〟をもたらす」からだ。[4] この新しいコミュニケーションのパターンは、組織にとって有意義であるばかりか、従業員にとっても精神や身体面において有益なものだ。ポジティブで行動志向の質問は、ポジティブな結果を生むのである。

ここまでに記した通り、コミュニケーションのパターンからビジネス、教育、健康面での結果が予測できる。近年の研究によれば、地域における心臓疾患の程度を住民たちが投稿したツイートをもとに予測できたという。[5]ツイッターに投稿された人間関係のもつれやネガティブな感情（とくに怒り）を反映する言葉のパターンを分析することで、人口統計や糖尿病、高血圧、肥満などの危険因子といった情報をもとにした既存の10段階評価モデルよりも心臓疾患の程度を正確に予測できた。ツイッターで使われる言葉は、病院で渡される問診票よりも予測精度の高い医療ツールになるかもしれない。

次には焦点を変える問いかけの例を紹介する。あなたがより良い情報を発信し、家庭や職場での拡散力を高めるのに大いに役立つだろう。

「あなたが最高の状態になるのはどんなときか」

この質問は、ペンシルベニア大学のポジティブ心理学の修士課程で最初に聞かれたもののひとつだ。おかげで、仕事のうえでも個人的にも、自分の人生の最高の時期がいつで、それがなぜかもわかった。その時期を一歩引いて振り返ったおかげで、精神面でも感情面でもその頃に戻るというちょっとした習慣ができた。例えば、シカゴにいた頃、わたしは本当に幸せだった。仕事は楽しかったし、友人たちの強力なネットワークがあって健全な社会生活を営み、ほぼ毎日スタジオで大好きなヨガのレッスンを受けた。他者にとっても最良の自分になれた。自由な時間があり、友人とつながりを持てたので、その結果、彼らの良き友人でいられたのだ。

どんな要素が最高の自分を作るのかがわかれば、その状態に戻る小さな変化を作る助けになる。周囲の人々にこの質問をして、どんな期間であれ、自分自身がもっとも良い状態だったのはいつかを考えてもらおう。そうすれば彼らの原動力が何か、彼らの幸福をいかに支えるかに、あなたが関心を抱いていることが伝わる。チームのメンバーや自分の子供には、こう質問するのもいいだろう。「そのプロジェクトで良い結果、または良い成績が得られたのは何をしたから?」この質問は、達成の過程でうまくいった部分に意識を向ける助けになる。過程を細分化すれば、もっともうまくいった部分を見つけ、他の部分を改善したり、切り捨てたりすることができる。将来似たような難題に直面したとき、どこにエネルギーを注げばいいかを知るには一番の方法だ。

「あなたの3つの一番大きな強みは何か」

これはすばらしい質問なので、あらゆるパフォーマンス評価に使われるべきだ。強みに焦点を当てると、意味と成功を記憶する脳の部分が活性化する。その後、弱みについて話さなければならないときには、自分の強みを持って対処できる。体系的な手法によって自分の強みを知りたい人にはＶＩＡ(ViaCharacter.org)とギャラップ社のストレングスファインダー(StrengthsFinder.com)を勧める。どちらも、あなたの上位の強みを調べ、その強みを活かして人生のあらゆる面でより成功するにはどうすればいいかを知る助けになる。

「1日のうちで一番良かったのはいつか」

この質問によって、1日のうちで良かった瞬間に焦点を移すことができる。1日のうちから最高の部分を探し出してもらうならこの質問をすればいい。それまでの24時間で経験したことなら、何を選んでもいい。同僚は就業時間中のもっとも良い瞬間を選ぶかもしれない。娘の学校の先生は、家庭で起きた個人的な出来事を選ぶかもしれない。質問にちょっと手を加え、求める答えが得られるようにするのもいい。あなたのチームにこう聞くのもいいだろう。「開発の過程でもっとも効率が良かった部分はどこだったか?」そうすれば、答えを探すきっかけができる。

わたしたちが協力したある重役は、夕飯のときに2人の子供にその日の「ハイ/ロー/ファニー」を話させるそうだ。子供たちは良かったこと(ハイ)、別の結果なら良かったと思うこと(ロー)、面白かったこと(ファニー)を話す。子供たちの話を家族みんなで笑って聞き、絆を深める。これは「ハイ・ロー」と呼ばれるわたしが好きな手法だ。「ロー」はポジティブではないと考える人もいるかもしれないが、それは子供と親のとらえ方次第だ。子供がうまくいかなかったことばかりを気にしたり、固執したりしないなら、親にとっては知見を得る重要な機会になる。そういった出来事は局所的(広い世界のうちの一部）で一時的なものだと子供が考えられるようにしてやるといいだろう。

その重役の家では、毎週、金曜の夜の夕食は、子供たちにその週にあった愉快な話を思い出させることで始まる。子供たちが、クラスメートが意地悪だったなどの理由で元気がないときは、重役自身が愉快な話をすることもある。だが、そうやって子供たちの気を紛らわすだけでなく、焦点を変える質問もする。例えばこんなふうに聞く。「親切にしてくれた友だちもいただろう？　その子とは何をして、どんな話をした？」こう質問することで、良かったことに子供たちの焦点を変える。そうすれば、ネガティブな出来事は局所的なもので、学校で起こったことすべてではないと理解させられる。

焦点を変える質問は、相手に世の中に対する視点のバランスを改めさせるために行う。再び前進し、難題に直面したときは新しいことに向かって扉を開く力になるのである。

変化を促す問いかけ3　セカンドベストを探せ

これまでの要点をまとめよう。黄金を掘り当てるための質問は、発信すべき情報を得る助けになる。質問によって焦点を変えれば、一時的にネガティブな状態からポジティブな状態に移行する助けになる。それらに比べれば、セカンドベストを尋ねる質問は使える機会が少なく、たいていの場合、最後の手段になる。ネガティブな状況を変えようがないときに使う質問だからだ。

フィラデルフィア小児病院のある棟で、クリス・フォイトナー博士は子供たちの末期医療を行っている。医療の進歩により、治る見込みがない患者でも延命ができるようになったが、新しい課題が持ち上がった。生活の質《クオリティオブライフ》が低下するのに対してどれだけの期間、延命をするか、厳しい状況に直面している病気の子供とその家族にもっとも良い体験をしてもらうにはどうするか、といったことである。

フォイトナー博士は、患者である子供とその親に具体的な質問をする。

「今、直面している状況から考えて、どうしたいですか？」

残念ながら治癒という選択肢はない。そのため、この質問をされた家族は、治らないことを嘆いて気持ちをすり減らすのをやめ、厳しい状況でも精一杯のことをするにはどうすればいいかを考え始める。これは難しい状況に置かれ、それをどうすることもできない場合、わたしたちみんなが使える手法だ。

フォイトナー博士によれば、家族はたいがい7つから8つの希望を挙げるそうだ。子供の命が尽きる前に幸せな思い出を作ること、苦痛を和らげること、残りの時間を病院ではなく家で過ごさせることなどだ。博士の明解な質問がきっかけで、小児科の緩和ケアチームと家族はどんな計画を立て、どうやって希望を叶えるかについて考えるようになる。力を合わせて、避けられない失敗（不治）に向かっていた意識を、希望のいくつかを叶えるというささやかな成功に向かわせることができる。博士の論文には、「より希望に満ちた考え方」をする親のほうが、終末期にある我が子のために治療の限度を決めて「苦痛を避け、快適さ、クオリティオブライフ、尊厳を優先する」とある。[6] 現状においてコントロールできることは、親の考え方次第で変わるのだ。

セカンドベストを探る質問によって、限界ではなく、今コントロールできるものごとに意識が移る。ネガティブな考え方をポジティブなものに変え、現実的な評価を受け入れつつ、コントロールあるいは改善できる部分に集中できるようになる。長い間、同じ手法を繰り返しては失敗する原因になっていた思い込みが打破され、新しい考えがもたらされる。セカンドベストの質問は触発的であり、ビジネスでは、触発的な質問がイノベーションに直結する。質問の答えがどこにたどり着くかはわからなくても、ポジティブな方向に踏み出せるような質問をすれば、最終的に良い結果が出るだろう。こういった質問に答えることによって、何がコントロールできるかに改めて気づくことができるからだ。

セカンドベストを探る質問から、それまで隠れていた選択肢が明らかになる。ニュージャージー州に住む友人から、12歳の息子が家出したときの話を聞いた。その子は、ニューヨーク市街へ向かう列車に乗って父親に会いに行こうとしていた。友人はそれに目をつぶるか、駅に行って無理矢理、息子を連れて帰るかのどちらかしかないような気がした。

ところが、状況を職場の同僚に話したところ、「次にいい選択肢は何だろう？」と聞かれた。その質問のおかげで、友人は息子を放っておくのでも、無理矢理、連れて帰るのでもなく、家出につきあおうと思った。しかも、内緒で列車に同乗して息子をびっくりさせた。そのまま終日一緒に過ごし、2人の間の問題を整理した。セカンドベストを探る質問が、状況に対する見方を変え、その後の行動にも直接、影響したのだ。

職場で不平や不満の言い合いに遭遇するたび、あなたか他の誰かが「ポジティブな変化を起こすためには何ができるだろう」と尋ね、その答えにみんなが熱心に耳を傾け、行動を起こそうとしたらどうなるだろうか。不合理に望ましい結果だけに執着していたみんなが、次善策を候補として検討するようになったら、どのように状況が変わるだろうか。セカンドベストを探る質問は、ポジティブな変化をもたらす選択可能な行動にみんなの意識を向けさせる。

変化を促す問いかけ4　ほかに何かないか

彼とは初対面だった。それでも、彼の膝に座り、ベルトでわたしを彼の体に固定するようにと言われた。彼を信頼しなければならない。既に4300メートルの上空にいて、わたしはこれをやることに同意したのだから。

わたしは、事実上、見知らぬ男性とともに、1組のパラシュートでイリノイ州の農地に飛行機から飛び降りようとしていた。アメリカ陸軍のパラシュートチームであるゴールデンナイツに招待され、午後のスカイダイビングをＦＯＸニュース・シカゴでレポートする予定だった。デスクには即答して受けた仕事だったが、空に上がった瞬間、ほんの少し後悔した。わたしは自分自身をコントロールするのが好きなのに、空の上ではコントロールなどできなかったからだ。

インストラクターである彼は、わたしがこれまで1度も飛行機から飛び降りたことがないのを知っていたので、地上でひと通りの訓練をしてくれた。それでもわたしは不安だった。扉が何もない空間に向かって開いたとき、冷静になろうと務めながら、ジャーナリストとして叩き込まれたある質問が口をついて出た。「何か聞き忘れたことある？」ジャンプの体勢に入っていたインストラクターは、一瞬、考えてこう言った。「足をまっすぐ伸ばしたままで着地しないように。昨日のやつは言われた通りにしなかったから足首を骨折したんだ」。聞いて良かった、と心から思った。その話は初めてだった。

わたしたちは飛び立ち（というよりも石ころのように落ちて）、空中を猛スピードで何千メートルも落下した。着地が近づいたとき、「足を持ち上げて」と大声で言われて、あとはインストラクターに任せた。彼を全面的に信頼するしかなかった。自分の思うようにやりたい気持ちはあったが、最後のアドバイスを覚えていたからだ。

このタンデムスカイダイビングのときのように、ときにはコントロールする（自分がすべての答えを知っていると考える）のをやめて、聞き忘れた話がないかを尋ねたほうがいいこともある。「聞き忘れた話はある？」という質問が理想的なのは、聞いてみようともしなかったことを知る助けになるからだ。「まだ話し合い忘れていることはありますか？」とか、「ほかに言っておきたいことはありますか？」などと聞くのもいい。ともすると、わたしたちは話を聞く前から、何もかもわかっていると思いがちだ。しかし「ほかに何かありますか？」と聞くのが、もっとも簡単に良きレポーター、ひいては良きリーダーになる方法のひとつなのだ。ジャーナリストの研修ではインタビューを終わらせる前に「質問されなかったことで、話したいことはありますか？」と必ず聞くようにと教わる。わたし自身、そう質問したときの答えには何度も驚かされた。それによって得られたちょっとした情報のおかげで、話が別の流れになるのだ。

ほかに何かないかと聞けば、同僚や子供たちは彼らにとって重要な、あなたが聞き逃したかもしれないことを自由に話し、あなたはそこから思いがけず役立つ情報を得られる。小学生のとき、わたしは母がアメリカに移住してきたときの話を作文に書いた。そのとき、リオデジャネイロの生まれの母に、ブラジルについて、アメリカに移住を決めたことについてたくさんの質問をした。15分間、話を聞いたあと、わたしはこう質問した。

「ほかに聞き忘れたことある？」

すると母は、初めてアメリカで過ごした夜について語った。ポケットに100ドルだけを持ってアメリカにやって来た母は、気がつくとハロウィンで賑わうニューヨークのタイムズスクエアにいたそうだ。そこには悪魔、化け物がうようよしていた。しかも、当時、母が話せたのはわずかな英単語だけだった。想像してみてほしい。その話を聞いたわたしは、もっと多くの質問をして、母についてさらに知ることができた。レポートの評価はAプラスだった。

「ほかに何かない？」と質問するのは、どんなときでも使えるすばらしい方法だ。チーム会議を進行するとき、勤務評定をするとき、顧客や子供に会うとき、深く傷ついたばかりの友人を助ける最善の方法を見つけ出そうとするときにも使える。ジャーナリストの研修で最初に習い、たいていの場合は会話の最後に聞くべき質問である。

質問を習慣にする

ひとつのポジティブな質問によって、考え方や会話の流れが変わり、大きな成果につながる。だが、ポジティブな質問が十分に力を発揮するのは、組織や家族がそれを取り入れ、習慣としたときだ。ポジティブな変化を持続させ、逆境力《レジリエンス》を育てるには、他の人々にもポジティブな質問をしてもらうのが重要である。

ある質問が、さらにポジティブで有効な質問につながることがある。例えば、スウェーデン政府は、市民に社会が直面する重要な問題を提示させ、それに答えさせる。いわゆるスタディサークルの活用だ。参加者は小さなグループに分かれ、数時間の会議を6回行って、ある話題について質問をし、公共政策に対する意見を調査し、集めた情報を政府職員と共有する。市民は複雑な問題に対しても、知識が欠けているとか、無知だとかいう気持ちを克服して、問題にしっかりと向き合う。質問をすることで、政策のプロセスに参加しているという実感が増すのである。

ミネソタ州ミネアポリスにあるマーケティング会社の経営者であるクライヴは、自分の会社があと1年ももたないのではないかと思い悩んでいた。上得意6件を新都心にオフィスを開設した全国規模の大企業に奪われてしまったのだ。社内に人員整理の噂が広がり、従業員は休憩室に集まってはその兆しを探っていた。クライヴはあることを思いついた。それは自分1人で解決策を探すのではなく、重役らに質問をさせることだった。

重役らがかつての顧客に最初に尋ねた、もっとも重要な2つの質問は「他社に変えるという決断の決め手になったのは何ですか？」と「わたしたちにできることで、お客様が当社に戻る気になるようなことはありますか？」である。2つめの質問は、必死な口調で尋ねたのではない。事実を知り、成功のためにどうすればいいかを知りたいという姿勢で、穏やかに質問した。その結果、質問をした半分の顧客が馬鹿なことをしたと思って戻ってきたのなら美しく話を終えられるのだが、実際、どこも戻ってこなかった（2年後に1社が戻ってきた)。しかし、ストレスを抱えて怯えた日々を、学びとエンパワーメントの日々に変えようとクライヴが試みたおかげで、以前より顧客全般のニーズを理解できた。重役らは、新しい顧客をいかに獲得するか、既存の顧客をいかに維持すべきかについて話し合うようになり、質問から解決策が生まれた。

質問の習慣が根づいたところで、重役らは既存の顧客にカスタムメードのビデオを送ることにした。それぞれのビデオにおいて、クライヴはその企業に向けて、大切なお客様でいてくれることに対して心からの感謝を述べてから、拍手をする。クライヴひとりの拍手が5秒ほど続いた後、カメラが徐々にうしろに引き、さらに多くの従業員が拍手をしている姿が映し出される。拍手の音が速くなる。最後には、社員全員が一斉に拍手をしているのが映し出されて終わる。ビデオを見た顧客の多くから、心に響いたという感想を知らされた。それ以降は1件たりとも、顧客をライバル企業に奪われることはなかった。人員整理もなかった。質問の習慣が定着したおかげで、会社の危機を切り抜けられたのだ。

まとめ

かつてニュースのサイクルは24時間だった。それは新聞が通常は日中と夜遅くに1回ずつ発行されるだけだったからだ。夜に印刷された記事が、そのまま次の朝のニュースになった。ところが、今やラジオ、テレビ、インターネットによってサイクルが短くなっている。ソーシャルメディアでは新しい話が常に現れるし、重要なものでも1時間たてばニュースですらなくなる。企業では、噂話や情報が稲妻のような速さで変わることもあるだろう。やる気を促される話題もあれば、そうではないものもある。そうした状況で、適切な質問をすれば、変化のための重要な機会に光を当てることができ、組織の害になる話題ではなく、動機づけになる話題に焦点を合わせる文化への改革が促される。質問は、それまでの思考の流れを止め、力を与えてくれる話題が入り込む隙間を作る。マイナス面について考えるのをやめ、別の会話へと移行ができる。あなたが質問をするのであっても、誰かに質問をさせようとするのであっても、質問は、心を開いて答えをきちんと聞けば、新しい気づきをもたらす。

答えを導く質問をする人にも、それに答える人と同様に変化が起こる。この章の始めに紹介した喫煙者の例のように「火を貸して」と頼めば、他者の心に火を灯すことができる。

最後の質問をしよう。家庭や職場で、質問が継続的に促され、より大きな幸福と成功をもたらすために、心に寄り添うような対話が生まれる環境を作るにはどうしたらいいだろうか。

まずは、やってみよう

答えを導く問いかけによって相手の考えを変え、進歩を促すことができるような状況を見つけよう。最適と思われる質問を4つのタイプから見つけるか、いくつか組み合わせるかして、最大の成果を得る。自分で質問をするなら、綿密に準備し、最低でも3つは用意しておく。相手の答えに耳を傾けるのを忘れてはならない。質問により、答える相手がどのような影響を受けるかに注意を払おう。

他者を巻き込みたいなら、ポジティブな体験によって、質問が持つ価値を理解できるようにする。同僚や家族が質問を習慣にすることで、彼らや集団の文化がどのように変わるかを観察しよう。

Part 2

ストレスとネガティブな気持ちを克服する

ネガティブなものを無視しようとするのは不合理である。合理的で、前向きな姿勢で向き合えば、成長と進歩が促される。ポジティブな情報発信者は現実をすべてとらえつつ、ポジティブな成長を促す部分だけを戦略的に選択して注力する。どんなに楽観的な人でも、ストレスやネガティブな思考の影響からは逃れられない。では、どうしたら強いストレスや、ネガティブなことばかり口にする人々や、避けられない悪いニュースに直面しながら、他者を導いていけるだろうか。このパートでは、ストレスをどうとらえ直すか、ネガティブな人々にいかに対処するか、悪いニュースをどのように伝えるかに関する研究や戦略を紹介する。そうした戦略を用いれば、ストレスの多い時期を乗り切り、成長することができるだろうし、情報発信者としてのあなたの影響力を強化できる。

ルール 4

ファクトチェックで後ろ向きから前向きに

ジョー・ストーンは自分をアドレナリン・ジャンキーと呼んでいたが、興奮を求めるあまり死にかけた。パラグライダーの事故で、時速105キロメートルで地面に叩きつけられ、背骨を折ったのだ。それでも1年後、アイアンマン・トライアスロンに出場した。医師から2度と歩けないと告げられて間もない頃、病院のベッドで誓った通りに。わたしたちの大半はそこまで冒険好きでも、過激でもないが、ジョーは重大かつ合理的な、この章全体のテーマとなる原則を体現している。

ジョーは、25歳のとき、危険度の高いアウトドアスポーツを存分に楽しむために、モンタナ州に引っ越した。ある日、友人たちと、高速で飛行するハイパフォーマンス・パラグライディングを行った。5回目の飛行でパラシュートが開かず、その瞬間、地面へ激突するのは避けようがないとわかった。そして、背中から落ちた。

1カ月後、病院で昏睡状態から目覚めた。そこで厳しい事実を告げられた。事実《ファクト》——脊柱と肋骨を含む体中の骨が折れている。胸から下が不随になった。両足が使えず、手の一部が動かず、四肢麻痺の状態にある。これまでのように興奮を追い求めるどころか、日曜の朝に軽いジョギングをすることすらできなくない――。

病院のベッドに横たわりながら、施設に入って24時間、介護される日々を想像した。そのせいで気が滅入ってやる気がなくなり、リハビリにも身が入らなかった。だが、この話にはまだ先がある。

ある日、ジョーは別の冒険を始めた。今度は別の事実を集める冒険だ。自分を奮い立たせるような事実を見つけるのだ。医師にはもう身体を思うように動かせないだろうと言われたが、自分と似たような患者で、身体的な障害に負けずに生きた人々の伝記や事例を探し出した。愛する人たちの重荷になりながら生きていくのは怖かったが、自分の世話をすることで喜びを見出してもらえるような瞬間を積極的に探した。医師からはもう歩けないと告げられたが、医学文献や最新科学から事実を見つけ、将来、走れる見通しを得た――たとえそれが特殊な車椅子の補助つきだとしても。熟練のジャーナリストのように、何かあるたびにファクトチェックをし、話の裏づけをとった。

新しい事実は、希望の光を灯した。それに刺激され、ジョーは、四肢麻痺であるにも関わらず「とんでもない」目標を掲げた。アイアンマン・トライアスロンへの出場である。しかも、事故から1年後の前日に開催されるレースに出ることにした。

そう決めた日には、まだ見当もついていなかった。どうやって3・9キロメートルを泳ぎ、180キロメートルを自転車で走り、42・2キロメートルのマラソンを走ればいいのか。しかも1日のうちに。

それでも、できると確信していた。医師から与えられたのとは異なる事実にもとづいて考えていたからだ。リハビリにも新しい意味が生まれた。水着と自転車のデザイナーを見つけて特注品を作らせ、身体が動く仕組みや技術の進歩について新しい知識を得た。日々、自分ができることについて新しい事実を学び、可能な日は毎日トレーニングをして、過酷なレースに備えた。

ジョーは、事故から1年目の日を不安に苛まれながら迎えるのではなく、フロリダのアイアンマン・トライアスロンで世界一流のアスリートに囲まれて祝った。

若手の報道記者が一番に教えられるのは、洗練されたように見せる方法でも、表現力豊かになる方法でもない。「事実を確認する」ということだ。警察官やアメリカ海軍特殊部《ネイビー・シール》隊《ズ》も同じことを教わる。周囲を確認し、仮定を確認し、事実を確認する。事実が間違っているなら、たいていは望ましくない結果につながる。マーク・トウェインは皮肉をこめてこう言った。

「まずは事実を知り、それから思うままに曲解せよ」

解釈やひらめきを大切にする一方で、妄想ではなく、成功に向かう道を切り開くには正しい事実が必要になる。ファクトチェックとは、正しい事実をもとに現状を的確にとらえて裏づけをとる行為でもあり、有益な将来の成果につながる事実を見つけるプロセスでもある。

ジョーは自分の予後と医師に言い渡された将来についてファクトチェックをした。そして、自分にとってもっと良い未来を築こうと発奮できるような事実を見つけた。麻痺を治して元の状態には戻せなかったが（そのようなことが起こる根拠となる事実は皆無だった）、停滞していた意識を活性化することはできた。そして今は、人々の意識を活性化させるのを助けている。学校で講演し、現状をとらえ直して未来を変える方法を生徒たちに示して勇気を与えている。日々の問題に対して、ファクトチェックをして行き詰まりから抜け出し、ポジティブな行動を起こして前に進むよう、彼らを励ましているのだ。

本章では、ジャーナリストがいかにファクトチェックをするか、ファクトチェックが人々を成功に導くのにどれだけ大きな力になるかを紹介したい。

わたし自身も、人生のうちでもっともつらい時期——鬱病と闘った1年——に、この戦略を使った。それ以来ファクトチェックを習慣にしている。難題に直面すると、わたしの脳は即座に希望を感じられるような事実を探そうとする。ポジティブな情報発信者は発奮材料となる事実を探すのに長けているだけでなく、他者も同じことができるよう手助けをする。この方法を紹介するにあたり、脳や身体の潜在能力についてファクトチェックをするのが大事な理由と、ファクトチェックによって、逆境への対処をいかに変えられるかも説明する。

終末の日がやってくる

夫のショーンとわたしがあちこちの親戚に妊娠の報告をした1週間後、わたしは流産をしてしまった。それは忌まわしい期限がいっそう近くまで迫ってくるなかで、ふたたび妊娠の努力をしなければならないことを意味していた。わたしはもうすぐ35歳だった。

心配だったのは、年齢と赤ちゃんを産める可能性との関係だ。何年ものあいだ繰り返し聞かされていたのは、「事実」とされる同じような話だった。事実——生物学上の時計は35歳を終末の日としてカウントダウンしている。35歳を超えた女性が妊娠するのは実質的に難しい。子供に発達上の問題が生じるかもしれない。放っておくと家族を授かる、つまり幸福を得る可能性が小さくなる——。

もちろん終末の日を迎えた後に子供を授かったという例外はあちこちで聞いたし、体外受精や養子を迎えるという選択可能な代案もある。だが繰り返し聞かされた終末の日の話のせいで、35歳になったら若さも、魅力も、健康的な妊娠もあきらめるしかないと頭に刷り込まれてしまっていた。

ショーンとわたしが休暇中で、ボストンから来た何人かの友人と一緒だったとき、部屋の向こうのテーブルに積まれた雑誌の見出しが目に飛び込んできた。

「赤ちゃんを授かることができるのはいつまで？」

わたしはまたいつもと同じ事実が載っているんだろうと思いながら雑誌を手に取った。ところが、それはポジティブなファクトチェックをした人の記事だった。

30歳で離婚した著者のジーン・トウェンジは、5年後に産めない身体になる前にいい人と出会えるかどうかが不安だった。トウェンジによれば不妊の悩みに関するメディアの報道が問題を悪化させたのだという。

〔2番目の〕夫とわたしは子供ができるかどうかの崖っぷちに立たされているような気分でした。本やウェブサイトには35歳から39歳までの女性の3人に1人は、妊娠の努力が1年以内に実ることはないとありました。アメリカ生殖医学会による2003年の指導書には、30代後半の女性の30パーセントが子供を持てずにいると記されています。[1]また、これまで他所で何度も見た統計も載っていました。女性が妊娠する確率は30歳で月に20パーセント、40歳になると5パーセントになるというものです。こういった数字を見るたびに胸を衝かれ、つらく不安な気持ちになりました。わたしはもう母親になれないんだろうかと思ったのです。

トウェンジもわたしと同じような思いをしていたのだ。わたしと同様、心理学の研究者で、ファクトチェックが習慣になっていたトウェンジは、自分がすべての事実を知っているのかと疑問に思った。

そこで、科学文献を調べた。ファクトチェックをしただけで次の情報が見つかった。広く引用されている35歳から39歳までの女性の3人に1人が1年以内には妊娠できないという統計は、2004年発行のヒューマン・リプロダクション誌に掲載された論文にもとづいている。しかし、めったに触れられないのはそのデータの出所である。それは1670年から1830年にかけてのフランスの出生記録だ。子供を持たないままでいる確率が30パーセントというのはそれをもとに算出されたものだった。トウェンジはこう記している。
「つまり、これまで大勢の女性が妊娠できる期間として教えられてきたのは、電気も抗生物質も不妊治療もなかった時代の統計だったのです。ほとんどの人はこうした数字が現代の女性を対象に行われた大規模で正確な調査にもとづいていると受け取りますが、それは違います」

ある会議に参加した750人の女性の前でこの事実を伝えたところ、会場から大きな驚きの声が上がった。現代の調査では、妊娠を望む人々にとって、より大きな希望を抱ける結果が出ている。2004年に発表された論文によれば、27歳から34歳までの女性で週に少なくとも2回性交した人が1年以内に妊娠した割合が86パーセントだったのに対し、35歳から39歳まででは82パーセントである[2]。82パーセントという数字は、頻繁に言われてきた70パーセントに比べてかなり高いだけでなく、妊娠率は4パーセントしか下がっていない。これはヨーロッパの770人の女性を対象に行われた調査だった。このデータだけでなく、他のいくつかの近年の研究が示すのは、35歳の誕生日は決して終末の日ではないということだ（この衝撃的なデータの詳細については、ジ・アトランティック誌掲載のトウェンジの記事を読むといい）[3]。

大衆紙の記事は、一流の専門学術誌の論文とは異なるとよく言われる。修士課程のときに、わたしは専門学術誌の論文を読んで理解するための講義を実際に受講した。ジャーナリストはこうした訓練は受けない。そのため、記者は科学的な結果を間違って解釈したり、丸ごと見落としたりしてしまうことがある。最新の統計はグーグルで検索するほうがデータベース内を探し回るよりも楽なので、事実、数字、結論がインターネットに掲載されると、別の媒体でも同じものが繰り返し掲載されることが多い。それは嘆かわしい構造だ。この例に関しては、恐ろしい内容の記事を読んだ人が、自分の身体はもう子供を産めないと思い込むようになってしまう。

わたしは、トウェンジの記事を読んで、希望と楽観の波で洗われたような気分になった。年を取るにつれ妊娠は難しくなるが、一部の人がそう見せようとするほど見込みがないわけではないとわかった。ファクトチェックをしただけで、別の物語が生まれる余地ができた。わたしには妊娠できる可能性が十分にあるという希望の物語だ。悲観的なものではなく、希望の持てる、楽観的なストーリーを信じれば、行動もそれに従って変化する（そして、今、夫とわたしはレオという名の幸せで健康な赤ちゃんを育てている！）。

思考やストーリーのファクトチェックで重要なのは、状況を現実的に評価しつつ、発奮材料になる事実を積極的に探すことだ。そうした事実は現実の一部であり、難題と向き合うときに希望と勇気を与えてくれる。楽観的な事実がひとつ見つかるだけで、ポジティブな行動に移るきっかけになるときもあれば、事実をいくつか集めて状況を把握しなければならないときもある。事実は存在するのであり、現実から離れた結果として見つかるものではない。意識的に楽観的な見方をしながら、現実を再調査するようにこうした事実を見つけ出そう。

ビル・ゲイツはこう言っている。

「わたしはイノベーションを信じている。イノベーションを起こすには調査に投資し、基礎的な事実を学ぶ必要があると考えている」

新しい方向へ向かうには、焦点を変えて正しい事実を見つけなければならない。

発奮材料になる事実を見つける

ファクトチェックに違和感を覚えるときもあるだろう。それは脳の仕組みに反しているからだ。わたしたちの脳は周囲の脅威や解決しなければならない問題を探し出すようにできている。心理学ではこれをネガティビティ・バイアスという。だがほとんどの場合、この傾向は有益ではない。それよりも希望が持てる楽観的な未来を描く力となるような事実を探す訓練をして、動機づけの助けにするべきだ。繰り返しになるが、現実を無視するのではない。意識を停滞させるようなものから、活性化させる事実に焦点を移し、楽観的で力強い考え方を作り出すのである。寄付金集めをするときは、すでに調達した金額と自発的な支援の申し出に目を向けるほうが、1年間の調達目標について考えるよりもやる気が促される。

マラソンランナーなら、自分の強靭《きょうじん》な筋肉について考えたり、聞いている音楽に没頭したりするほうが、残された距離を考えてストレスを感じるよりも気持ちよく走れる。プロジェクトマネジャーとしては、チームの1人ひとりの強みに気づくことができる人や、利用可能な会社のリソースに感謝できる人のほうが、期限ばかり気にする人よりも成功する。ファクトチェックによって楽観的な考え方を維持し、大きな目標、やりがいのあるイベント、一筋縄ではいかない人々に立ち向かうことが、本当の意味での成功とそれ以外とを分ける。

本書の前半で学んだ通り、楽観主義とは良いことが将来起こるという考え方だ。楽観的な人は、ネガティブな出来事は一時的で、部分的な（仕事や人間関係などの日常の一部にしか影響しない）ものだと考える。もっとも重要なのは、困難に直面した際、行動こそが大事だと考えていることだ。悲観的な人は、ネガティブな出来事はずっと続いて拡大し、ポジティブな結果は、行動によって決まるものではないと考える。わたしが勧めるのは、合理的な楽観主義者でいること。状況を現実的に評価をしつつ、ポジティブな見通しを維持し、ポジティブな行動をすれば困難な状況に打ち勝てるという信念を持ち続けるべきだ。

悲観主義者のほうが現実をよく理解しているという根拠のない説があるが、次の事実は、それとは違う見方を示している。

- あらゆる研究が、ほぼすべての場合において楽観的でいるほうがいいという結果を示している。なぜなら、そのほうがポジティブな行動を促されるからだ。[4]
- 楽観的でいるときのほうが幸福で健康だし、成功する。[5]
- 楽観的な見方で状況を判断するほうが成功につながる手段を選ぶ傾向にある。[6]
- 楽観主義者のほうが逆境に強く、ストレスになる挫折をより速く容易に乗り越えたという記録がある。[7] 楽観主義者のほうが学校での成績が良い。[8] 仕事が良くできる。[9] さらに、キャリアを通じて得る収入も多い。[10]
●楽観主義者のほうが多く貯金をし、クレジットカードの支払い期限も速い。[11] 生活が充実している。[12] 深い人間関係を築く。[13] 離婚後は再婚する傾向が強い。[14]
●楽観的な考え方は人生における成功、健康、幸福を予測するもっとも有効な判断材料のひとつである。[15]

だから、あなたが子育て専業の親であれ、CEOであれ、中学生であれ、楽観的な考え方ができるほど、生涯にわたって成功できる（同時に、もっと楽しい経験ができる）。ジ・アトランティック誌の記事の著者は、自分のストーリーをファクトチェックしてから、他の人々のために伝えた。人々に自分のストーリーのファクトチェックをしたいと思わせることができれば、さらに効果的だ。発奮材料になる事実を見つけられるように手を貸せば、彼らは直面する難題をより楽観的に見ることができるようになる。エイブラハム・リンカーンはこう言っている。

「わたしは国民を強く信じている。真実を知らされていれば、彼らはどのような国の危機に面しても信頼がおけるだろう。肝心なのは、偽りのない事実を伝えることだ」

ファクトとストレスに関する科学

ファクトチェックの好例のひとつは、スタンフォード大学で心理学の助教授を務めるアリア・クラム、社会心理学者でイエール大学の学長であるピーター・サロベイ、ハーバード大学出身の研究者のショーン・エイカーによるものだ。

ＩＡＰＲの一員として彼らが行った研究では、企業規模に関わらず、リーダーが直面する大きな問題の大半はストレスであることがわかった。だが、この研究では、ストレスを減らす方法ではなく、人々が真実だと考えている事実を確認することにした。ストレスに満ちた現状ではなく、ストレスの要因をそのもののファクトチェックをしたのだ。

ストレスマネジメントの講座では、ストレスについて何を説明しているだろうか。アメリカではストレスは死因の第1位とされている。医師を訪れる理由の90パーセントがストレス関連の病気や不調だ。米国労働安全衛生局（ＯＳＨＡ）は、ストレスは職場の有害な要素だと言明した。ストレスのせいでわたしたちは不安になったり、苛立ったり、やる気をなくしたり、ときには悲しくなったりする。頭痛、腹痛、高血圧、胸痛、睡眠障害などの身体症状も現れる。ストレスは人間の主な臓器すべてをだめにする。そして、これを読んだあなたが感じるのもストレスだ！

研究者らは大量の学術誌に目を通したあと、金融危機のさなかにあるUBSの従業員を対象に実験をすることにした。合計380人のマネジャーのうちの半分を対照群として、ストレスがもたらす悪影響とそれに立ち向かう方法を示したビデオを見せた。残り半分の実験群に見せたのは、ストレスの良い面に関する2分間のビデオだった。ストレスの良い面は、悪い面と同様に根拠はあるものの、あまり語られることがない。

強いストレスは、科学的見地からみて、実は良い面があることを知っているだろうか。ストレスは記憶力、認識能力、免疫システムを強化し、脳の反応を速くする。ストレス下において、免疫システムはもっともよく機能する。バンジージャンプをしている最中の被験者のほうが、そうでない対照群に比べて情報処理がはるかに速いこともわかっている。

ストレスは社会的な絆を深める。入隊後の新兵がビーチリゾートではなく、ブートキャンプで訓練を始めるのはそのためだ。氷水のなかに手を突っ込むという大きなストレスを生じる行為を命じられた被験者は、標準的な認識能力のテストで記憶力とパフォーマンスの向上を見せた。ある患者グループが意図的にストレスを与えられたあとに膝の手術をした場合、ストレスを与えられなかった対照群の2倍の速さで回復した。適度なストレスがあると、仕事のスピードが上がり、集中でき、良いアイデアが浮かぶのもそのためである。

UBSのマネジャーらは、実験群であっても、対照群であっても同程度のストレスを感じていた。だが、ストレスに関する前向きな事実について学んだグループのほうが、腰痛、頭痛、疲労感などの症状が23パーセント少なかった。

ではなぜ、ストレスが良くないという研究結果がある一方で、ストレスが良いという研究結果があるのだろう。ジャーナル・オブ・パーソナリティ・アンド・ソーシャル・サイコロジー誌にIAPRの研究チームが発表した論文によれば、ストレスに際してどのような事実を基準に、直面する難題に対処するかによって違いが生じるのだという。[16]

同様に、仕事に関わる事実はその成果を予測する材料になる。ファクトチェックのスキルを教える能力は、ポジティブな情報発信者や有能なリーダーが持つ特徴的な力になるため、本章では、スキルを学ぶことに焦点を当ててみたい。

完全版ファクトチェック

ファクトチェックは3段階で行われる。他者のために使う具体的な方法を説明する前に、あなた自身のストーリーに使ってみよう。この練習には紙とペンを用いるといい。代数の問題と同じように、すべてを頭のなかで解くのは難しいからだ。事実はつかみどころがないものもあり、新しい思考パターンに組み込む前に見失ってしまうことも多い。加えて、脳内では似たようなストーリーが繰り返し強調されるので、ファクトチェックが済んだストーリーを紙に残して何週間または何カ月後かに見直しをすれば、時間とエネルギーの節約になる。このスキルをぜひ身につけてほしい。そうすれば、ポジティブな情報発信者としてファクトチェックで人々を導き、彼らのストーリーをより良いものに変える助けになれるだろう。

◉ステップ1　ストレスになる考えを切り離す

ストレスの原因になっている考え方を明らかにしよう。カギは何が問題を起こしているのかを知ることである。例えば、子供のことが不安なら、その不安の中心にある進行中のもっとも具体的な不安が何かをはっきりさせる。子供が大学に入れないのではないかと不安なら、その奥にある本当の考えを確認すると、中学生のその子の読書嫌いに不安を抱いていることがわかるかもしれない。大学への出願は何年も先だが、読書に興味がないことが将来、問題になることを不安に思っているのだ。大学に入れないのと読書に興味がないのとはまったく別のことだ。ストレスのもとになる考えのうち、事実についてファクトチェックを行えば、誇大化された不安を軽減できる。

◉ステップ2　わかっている事実をリストアップする

不安の根拠となる事実を周囲から見つけよう。最初は変に聞こえるかもしれない。不安を裏づけるような事実など探したいはずがないからだ。だが、これが大事な理由は2つある。まず、自分がどう感じていて、それがなぜなのかを表現することができ、気持ちを発散したり、誰かに「打ち明けたりする」機会があったかのように感じられる。次に、不安な状態への理解を深める機会になる。重要なのは、事実のみを列挙し、感情は含めないことである。後の例でわかるが、事実でないものを少しでも含めると逆効果になる。中学生のあなたの子供が読書嫌いなのを不安に感じている場合の事実は、その子が家で10分しか読書しない、読書よりテレビゲームを選ぶ、宿題に出された本しか読まない、などになる。

◉ステップ3　新しいストーリーから発奮材料のファクトを探す

これは他のステップよりも難しく、努力を要するもので、発奮材料となる、まったく別のストーリーを裏づける事実を周囲から探し出す。ステップ2で列挙したものと同程度に信頼性があり、それまでは考えもしなかったような事実を探そう。

前述の例の場合、発奮材料となる事実は、中学生の子供が6カ月前にスーパーヒーローもののマンガ本を一気に読み終えた、テレビゲームではプレイヤーが次に何をすべきかを知るために画面上に記される物語を読まなければならない、学校の自習時間には週3回20分間読書をしている、などになるだろう。

こうして違う現実が見えるようになれば、不安が減るだけでなく、子供を本屋に連れて行き、好きなマンガ本をさらに2冊買ってやろうという気になる。すると、子供はたった数日のうちに両方とも読み終え、あなたにその本の物語を楽しそうに話すかもしれない。

常日頃、悩まされているストレスに対しては、このスキルを活用してみてほしい。最初は「そんなことはわかりきっている」と思い、事実を探すことに抵抗を感じるかもしれない。でも、これまで自分に語ってきたストーリーに固執したくなるのを抑えて、現実に関する、新しくてより有用な解釈を見つけ出そう。ファクトチェックは自分の間違いを証明するためでなく、ものの見方を意識的に変えたり、深めたりして、前進するために行うものであることをお忘れなく。

ファクトチェックに慣れたら、他の人に教えるのは簡単だ。3つのステップを行うときに、ファクトチェックをするという前置きなど不要。次のように言うだけでいいだろう。

ステップ1の言い方――「では、ストレスの原因になっているのは何でしょうか。ひとつか2つの文章に要約して教えてください」――あくまで簡潔にまとめさせる。話をさせるより書いてもらうほうがいいが、そのために必要なソーシャルキャピタルがあなたに備わっていないかもしれない。

ステップ2の言い方――「あなたの言いたいことはわかりました。それではなぜそう思うのでしょうか。具体的な事実をいくつか挙げてください」――感情ではなく、事実を列挙させる。「あなたがどう感じるかではなく、事実に集中しましょう」とはっきり言う。どんなことを除外すべきかを示す必要があるかもしれない。相手の話を否定しないことが大事だ。否定をすると、相手は話を聞いてもらえないとか、見捨てられたなどと感じてしまう。

ステップ3の言い方――「そう考える気持ちはわかります。ですが、前に進むには、他にどんな見方ができるでしょうか？　その見方の根拠になる事実は何でしょうか？」――事実がすぐに出てこない場合は、一緒にブレーンストーミングをする。あなたの考えを押しつけないようにしよう。候補になり得るいくつかの考えを挙げて、相手が適切だと感じられるようなリストを一緒に作ろう。

成功のカギは、発奮材料となる事実を見つけることだ。事実を見つけやすくなるような質問をするといい。事実が見つかれば、問題は一時的、あるいは部分的なものだとわかったり、過去の成功や未来のために使える有効なリソースがあることに気づいたりするだろう。事実を明らかにし、正しい方角に進む羅針盤となるのが次の3つだ。

◉解決にかかる時間を正確にとらえる――問題が一過性のものであること、つまり乗り越えるのにどのくらいの時間がかかるのかを明らかにする。過去に同様の問題を思ったより速く解決した例を一緒に探そう。解決までの時間を具体的に想定し、できればそれをいくつかの段階に分けてみる。

◉核心を探り当てる——ネガティブな考えは、職場や人間関係など日常に端を発し、気づかぬうちに他のことに影響している。わたしも仕事でストレスを感じているときに、いつの間にか、その日はジムに行くのをやめようと思っているのに気づくことがある。仕事とジムは直接は関係ないはずだが、片方で問題が生じると、もう片方にも影響が及ぶことがあるのだ。ネガティブな考え方やストーリーの根本的な要因を特定して、コントロールを取り戻し、より生産的な考え方ができるように手を貸そう。

◉有効なリソースと過去の成果を探す——リソースを知り、それを活用できる人は、直面する難題により冷静に取り組む準備ができる。ストレスに悩む相手に、現時点で使えるすべてのリソース、つまり、人間関係、人脈、周囲の協力、才能、スキル、物的資源などを見つけさせよう。これまでの功績や成果のリストも一緒に作ろう。そのリストを見れば、当初思っていたよりもそのタスクに取り組む備えができていると脳が認識できる。

こうしたリストは本人が作るのが理想的だが、たいていの場合、あなたの手助けが必要だろう。一緒にブレーンストーミングをして、状況を把握しよう。あなたが適役でなければ、他の人に手伝ってもらうのもいいだろう。次にファクトチェックの実例を紹介しよう。

締め切りのストレスを克服するには

マークは増え続ける仕事のせいでストレスを感じ、時間が足りないのではと不安だった。とりわけ、次の週にチームが行うプレゼンテーションの前に完成させなければならない報告書があった。書き始めようとすると大きなプレッシャーを感じ、頭がぼうっとして「期限内に終わらせるなんて絶対無理だ」としか思えなくなる。

同僚のエリックは、マークがストレスを抱えていることにすぐに気づいた。仕事帰りにバスケットボールをしようと誘い、それが終わってから、さっきはなぜ不安そうにしていたのかを尋ねた。マークは、仕事が間に合わないような気がしていると答えた。そこでエリックは聞いた。「具体的に何が心配なんだ?」マークはプレゼンテーションの話をし、締め切りまでに出来そうになくて不安だと打ち明けた。これがファクトチェックへのステップ1「ストレスになる考えを切り離す」だ。

エリックはマークの「期限内に終わらせるなんて絶対無理」という考えをファクトチェックさせることにした。マークは次のすべてを、仕事が期限に間に合わないと感じる理由として挙げた。

●仕事がとにかく多い
●チーム全体がこれまでになく忙しい
●このところ残業続きで疲れ果てている
●明日の晩は息子の発表会にどうしても行かなければならない

どれも妥当なものだ。エリックは、話を聞いた後、発奮材料になる事実を見つけるための質問を始めた。とくに、期限までに報告書を完成する助けになるもの、つまりそれまでの功績と利用可能なリソースに焦点を当てた。前向きな気持ちを呼び起こすストーリーを裏づける事実を、マークに見つけ出してほしかった。

マークは、最初は何も思いつかなかったが、最後にはその時点でのリソースを十分、列挙することができた。

●同僚の3人が、報告書のいくつかの章を引き受けて、マークの負担を減らそうと言ってくれている。
●以前、似たような報告書を書いたことがあり、今回もその雛《ひな》型に従って書けそうだ。
●明日の夜は息子の発表会があり、週末は家族といくつかの約束があるが、計算したところ、プロジェクトに費やせる時間があと20時間ある。必要であれば次の週に2回遅くまで残業できるので、そうすれば合計でほぼ28時間になる。
●マークは、ふだんから締め切りのプレッシャー下でも良い仕事をすることで知られている。時間管理と追い詰められたときの創意工夫が自慢だ。

マークはまた、それまでの実績を挙げた。

●前四半期に似たような報告書を作成し、好評価を得た。
●過去4年間に締め切りが守れなかったことはなく、締め切りを延長してもらったのはその会社で働き始めてから1度しかなかった。
●上司は、ほかの5人の候補のなかからマークにそのプロジェクトを任せた。マークがもっとも適任だと考えたからだ。

使えるリソースに気づくと、マークは気分が楽になった。最近の成果をいくつかリストアップしたおかげで気分が落ち着き、ポジティブなエネルギーが湧いてくるのを感じた。プロジェクトを脅威ではなく挑みがいのある課題だととらえるようになったので、使えるリソースとスキルを活かして、仕事を期限内に終わらせるために行動することができる。

次の朝、マークは、エリックとの会話がまだ頭に残っているうちに仕事に取りかかり、その週いっぱいかかると見込んでいたよりも多くの仕事を1日で終わらせた。また、予定より早く報告書を完成させられそうだとも思った。

原動力となったのは、成果とリソースのリストだった。次は、正確な期間を把握し、核心を探り当てることが役に立った例を紹介する。

自分を怠け者のように感じたら

フランクは自分を怠け者のように感じていた。それまでの10年間、建設業界で働いて、良い評判を築いてきた。1年前にチームリーダーからプロジェクトマネジャーに昇進し、会社の主要なプロジェクトをいくつか任された。それでも全力を尽くしている気がしなかった。やる気がない、その役職にふさわしくない、と知られてしまうのは時間の問題だろう。

家では家族を避けるようになった。以前は手伝っていた家事をやらず、子供と遊ぶことすらなくなった。燃え尽きたように感じ、すべてにおいて無気力だった。

フランクの妻サラはその変化に気づき、どうしたのかと尋ねた。フランクは、人生に疲れたと説明した。2人は、フランクのストレスになっているのが「自分は怠け者だ」という考えであることを突き止めた。フランクは、サラの助けでその考えを裏づける事実をリストアップした。

●以前のように一生懸命働いていない。
●過去2週間で3度、遅刻した。
●以前は受信したメールにすぐに返信していたのに、今では最低でも1日か2日、かかるようになり、周囲から遅いと指摘されている。
●過去2週間、家事をほとんど手伝っていない。

すべて間違いなく事実だった。次の質問は、有益なストーリーの裏づけになるような別の事実を見つけられないか、ということである。怠け者だというストーリーは有益ではない。それで終わってしまう話だからだ。そうではなく、フランクが元気を取り戻したり、変わったりする力となる、新しいストーリーを見つける必要がある。

2人は、ストレスがいつから始まったのか、何が原因になのかを明らかにすることができた（原因はフランクの仕事だった）。さらに重要なのは、仕事そのものが問題ではないとわかったことだ。問題は、プロジェクトマネジャーに昇進して課せられた、新しい責任のいくつかだったのである。

フランクが作った有用な事実のリストは次のようなものである。

●これまで仕事を楽しんでいたのに、昇進して以来ストレスを感じるようになった。そのストレスは、これまで同じ立場で仕事をしてきた同僚を部下として管理しなければならないときに感じるものだ。自分はまだその準備ができておらず、不安になるあまりに疲れ果てている。
●他の責務に関しては、問題なく行っている。
●家庭に不満はない。これまでと同じである。変わったのはフランクが日中にストレスで疲れ果て、帰宅してからも仕事の悩みを引きずっていることだけだった。精神的に消耗しているため、家事を手伝う気にはなれない。

こうした発奮材料となる新しい事実を見つけた結果、フランクは一度も正式な管理職の研修を受けていなかったことに気づいた。そこで、サラは、上司に頼んでセミナーに申し込むかコーチを雇うかして、基本を学ぶことを提案した。会社の人事担当者に週末のセミナーに登録してもらったおかげで、次の週にはフランクの不安は大きく減った。その結果、オフィスでも家庭でも、元気を取り戻すことができた。

わたしたちの脳はよく騙される。挫折をすると、すべてが終わりだと思い込んでしまう。途方に暮れたときは、あちこちで問題が生じ、あらゆるものごとが悪化している兆候だと考える。だが、ファクトチェックをすれば、問題は局所的なものだと考え方を変えられる。フランクは、サラに助けられ、原因の大きさ（この場合、フランクが職場で与えられた責務の一部）と時期（昇進して以降）を特定することができたため、小さな軌道修正で問題解決に努めることができた。

ファクトチェックは、大半のストレスに対して用いることができる。休暇前にやるべきことが多すぎて旅行をキャンセルすべきかと不安になったら、ファクトチェックをしてToDoリストの項目の優先順位を見直し、必要な時間を作り出そう。帰宅した子供が学校で意地悪をされたと言ったら、子供がそれについてファクトチェックをするのを手伝い、最近、誰かにやさしくしてもらったことはないかを一緒に考えよう。または、いじめに関わっているのが誰かを把握する手助けをすれば、相手はほんの一握りで、クラス全員ではないのだと子供が気づくかもしれない。ファクトチェックをしてもいじめの深刻さは軽減されないが、子供は心強さと支援を感じて、状況に対処する準備ができる。

チームのメンバーが人員整理の噂に怯えていたら、ファクトチェックをさせて、それまでに会社から受けた恩恵や、会社が新商品によって市場のシェアを拡大しているために、人員整理が不要、またはその必要性が低くなることなどを考える。現実における不安要素から前向きな要素にうまく関心を移せるリーダーは、周囲の人々を成功に導くだけでなく、自分自身も成功する。

時間の余裕がなく、十分なファクトチェックができないときもあるだろう。適切な方向に進むには、手早い調整だけでもいい。事実をひとつ変えるだけで、まったく異なるストーリーが見つかる。そのためには、行動しながらすばやくファクトチェックをしよう。

時間がない人のための方法

わたしはニューヨーク出身なので、カーレースの面白さがよくわからない。テレビで見るときはとくにそうだ。車が何時間も左周りに周回していくのを見ても何も楽しくない。唯一、興味深いと思うのはピットストップだ。ピットクルーはすごい。タイヤ交換や調整をすばやく済ませ、ドライバーをレースに戻す手際の良さにはいつも見入ってしまう。彼らの動きはまるで、きちんとオイルを差した車のようだ。

あなたもピットクルーのようなすばやさでファクトチェックができるようになる。誰かが難題を抱えて困っていたら、考え方をすばやく調整し、成功に向かう道へ戻るのを助けよう。ストレスを感じたり、悲しんだりしている場合は、一緒に2分でできる次の戦略を実行しよう。まず、相手を落ち着かせ、状況をどうとらえているのかを聞く。判断が鈍らないよう、感情をできるだけ排除して、事実だけに集中する。次に、その事実にもとづいた状況判断ができたら、事実をひとつ加えるか、削除するか、ひっくり返す。

3つの例を紹介する。

◉戦術1　事実を加える

事実をひとつだけ加えると、状況の見方がどのように変わるだろうか。

上司に嫌われている——同僚が上司に嫌われていると確信しているとする。上司と何かあるたびにあなたのオフィスにやって来て、どのように陥れられたか、いかに意地悪をされたかを説明する。入社して1年間は良好だった上司との関係が、半年前から変わってしまった。

上司に関する別の事実を見つけたら、同僚の見方はどうなるだろう。ものの見方は、たったひとつの事実によって変わることもあるのだ。

例えば、あなたが他の同僚から、その上司の妻が乳がんで闘病中だと最近、聞いたとする。その事実を伝えただけで、同僚の表情は即座にやわらぐ。その瞬間、ここ数カ月間、上司がそれまでの上司ではなくなった原因が明らかになった。上司は、家庭で大変な思いをしていたのだ。

状況が変わるような事実がなかなか見つからないときは、それを探し出す後押しをしなければならない。たとえば、あなたがその上司に何が起こっているかを知らなかった場合は、上司との関係または上司自身が変わってしまった理由について、同僚に考えてみるよう勧めよう。そうすれば新しい手がかりが見つかるかもしれない。

◉戦術2　事実を削除する

事実をひとつだけ削除すると、状況の見方がどのように変わるだろうか。

家計の破綻——あなたの夫は、夫婦2人で老後を過ごすのに十分な貯蓄がないと心配している。夫の友人のうち2人が、まだ70代前半だというのに困窮しているからだ。現時点での貯蓄額、毎月の合計支出額、インフレ率から計算して86歳までは大丈夫だとわかっている。2人とも万一、重病に陥った場合に備えて保険に入っているが、それでもなお夫は家計が破綻に向かっているのではと不安になっていて、夫婦2人でホームレスになって持ち物すべてをショッピングカートに積んで生活する未来を想像している。大げさだろうか。その通り。だが、本人は大真面目だ。

こんなときは、事実をひとつだけ削除したら未来がどう変わって見えるかを、夫に訊いてみよう。例えば、今の家に住み続けるという想定はどうだろう。2人でよく、息子とその家族がいる南西部に引っ越す話をしている。その地域の地価は、このあたりよりも格段に低い。今の家を売れば、南西部でそれなりの家を買っても、さらに7年、暮らせるだけの資金が手に入る。「地価の高い土地に住む」という事実を削除すれば状況が大きく変わり、不安も軽減される。

ストーリーを変えるために削るべきは、どの事実だろうか。

◉戦術3　事実をひっくり返す

ひとつの事実を、同程度に確かなもの、あるいは正反対のものと入れ替えたら、目の前の問題がどのように見えるだろうか。

目標に近づく――あるヘルスケア企業の営業チームが売り上げ目標にわずかに及ばなかった。四半期の大きな会議を前に、チームのメンバーの大半は、CEOをがっかりさせ、怒らせることを心配していた。だがCEOはチームを厳しく叱るのではなく、見事な対応をした。重要な事実をひっくり返したのである。CEOは、数字だけにこだわればチームのやる気を削いでしまうが、別の見方をすれば動機づけになることを知っていた。「目標の97パーセントまでしか達成できなかった」とは言わずに、3億ドルの目標に2億9100万ドルまで迫った、と称賛したのだ。目標に3パーセント届かなかったという事実に触れつつも、達成できなかったことを強く非難するかわりに、達成までもう少しだったので、次の四半期の目標にその3パーセントを加えようと提案した。それは将来の成功を呼び込むのにとてもうまいやり方で、しかもひとつの事実の見方を反対にしただけである。

ポジティブな変化を促すには、相手にまったく異なるストーリーを見せなければならないときもある。前述の3つのステップによってファクトチェックをする手助けをし、羅針盤によって進むべき新しい道を見つけるよう力づけるといい。また、3つの戦術を使えば、相手が別の見方をして、前進するよう助けることができる。

まとめ

脳がその瞬間ごとに注意を払えるのは現実のほんの一部にすぎない。適切な質問をして、気力を奪われるような考えから、よりポジティブな考えに関心を移せば、他者に影響を与えられる。目の前の現実をファクトチェックするのはとても効果的な手段であり、悲観的な視点を前向きで楽観的に変える助けになる。また、楽観的な考え方を育めば、人生をより良いものに変えるための勇気、逆境力、活力を得られる。四肢麻痺でアイアンマン・トライアスロンに参加したジョー・ストーンの例が示すように、発奮材料となる事実に焦点を当てると前向きな行動が引き起こされ、その結果、成功がもたらされる。

ファクトチェックを活用して問題解決の手助けをすれば、あなたはより良いパートナー、同僚、親、友人になれる。自分の家族の面倒をみようとしている70歳の退職者であっても、妊娠できる可能性について悩んでいる若い夫婦であっても、ファクトチェックを行なえば、不安やストレスを抑え、置かれた状況を違う目で見ることができるようになる。

まずは、やってみよう

まずストレスの原因になっている状況を特定し、ファクトチェックをする。発奮材料になる事実がいくつか見つかったら、気持ちがどう変わるかに注目しよう。自分自身の考えをファクトチェックするのがうまくなったら、ほかの人がストレスや問題を抱えたときにファクトチェックするのを助ける。ファクトチェックがその人の考えや気分に与える影響を観察しよう。

ルール5

戦略的撤退で ネガティブな人と上手につきあう

２０１４年の11月、テクノロジー企業のシニア・バイスプレジデントからメールを受け取った。彼女は不愉快な同僚にいかに対処するべきかを探っていた。この同僚のせいで、毎晩、会社を辞めたい、と夫に愚痴をこぼし、ストレスのあまり夫に怒りをぶつけてしまう。ある日、同僚が1時間の電話会議の間、いろいろな人の中傷を続けたので、我慢の限界に達した。そして、同僚が会議の最後に、ほかに何かあるか、とみんなに聞いたとき、カフェインの影響から勢いあまって言ってしまった。「あります。あなたがずっとネガティブな態度でいることです」。香港からアイオワ州デモインまでの参加者全員が、驚いて電話口で息をのんだ。同僚はこう言い返した。「まあ、ほかの人がいなければ、ぼくははもっと幸せだけれどね」

これがすべてを物語っている。ネガティブな人は自分がネガティブでいるのを正当化し、周囲の人や環境を責める。ネガティブな人はわたしたちのストレスのレベルや、ポジティブな姿勢を選択する能力に影響を及ぼす。こういった人々のせいでわたしたちは仕事を辞めたり、激怒したり、早死にしたりする。これは世界中どこでも同じである。会社や文化に特有の悩みではない。人間に共通する悩み――わたしたち誰もが経験したことがある悩みだ。

あるときわたしは、夜の仕事と身近にいる嫌な人々のせいで精根尽きてしまった。そこで休暇を取ってカリブ海へ、R&R（ラム酒でリラックス）をしに行くことにした。ある朝、あえて人けのないビーチを選んで大きなブランケットを広げ、冬のニューヨークのせいでまったく日焼けしていない白い肌にSPF180の日焼け止めをたっぷり塗り、打ち寄せる波を眺めた。周りには誰もいないし、近くを歩く人もいない。「まさに天国」と思った。あなたもこういう気持ちになったことがあるかもしれないし、今すぐそうなりたいと思っているかもしれない。だがその瞬間、わたしは自分の「天国」には、誰もいないことに気づいた。わたし1人である。ネガティブなやりとりとストレスのせいで疲れ果て、忘れ始めていたのだ。人間関係や社会的なつながりが幸福のもっとも大きな予測要因になることを。人から離れるのは、幸福からも離れることにもなる。

オックスフォード大学の有名教授だったC・S・ルイスによる中編小説の傑作『天国と地獄の離婚　ひとつの夢』（新教出版社）では、人々は「灰色の街」としてユーモラスに描かれている地獄のなかの好きな場所で暮らしている。ところが、小さな諍《いさか》いから互いに離れて暮らすようになり、2度と他人に会わずに済むように遠くまで行ってしまった人もいる。ネガティブな同僚の言葉を思い出してみよう。「ほかの人がいなければ、ぼくはもっと幸せだけれどね」。一方、ルイスにとっての地獄は孤立や不平であり、天国は人とのつながりや共感だ。

わたしも最終的にルイスと同意見になったが、そこに至るまでは、身近にいたネガティブな人々からしばらく遠ざかる必要があった。数日間、1人になってみると、嫌な人たちですら懐かしくなってきた。実際、職場に戻ってからはその人たちに対して、より思いやりが持てるようになったほどだ(わたしはその人たちから離れていることができたが、その間、彼らはずっと一緒にいなければいけなかったのだから)。職場の人間関係をポジティブに変えるには、ネガティブな人からの「戦略的撤退」も必要である。

この章は本書全体のなかでもっとも重要な章のひとつだ。孤立することなく、ネガティブな人々を切り離すこともなく、仕事の能力を奪われることもなく、ネガティブな人から一時的に隠れたり、離れたりするにはどうすればいいかを説明したい。目標は、戦略的撤退をすべきときを判断し、いかに実行するかを学ぶことだ。重要なのは、撤退は「戦略的」なものだということ。つまり、撤退し、体勢を立て直し、以前よりも強くなって再び争いに参加するのだ。『孫子』にはこうある。

「勝兵はまず勝ちて而る後に戦いを求め、敗兵はまず戦いて而る後に勝を求む」――。

嵐が広がる

「身近にいるネガティブな人にどう対処すればいいか？」

これはわたしがさまざまな企業で講演をする際に、よく訊かれる質問だ。たいていは、チームまたは職場にいるネガティブな人についてだが、夫や妻、義理の親などの対処に悩んでいる人もいるかもしれない。電話会議で怒りを爆発させたシニア・バイスプレジデントの話を思い出してみよう。ネガティブな人へどう対処すればいいかを知らなければ、わたしたちの心は蝕まれ、ストレスが過度にたまる。よって、戦略的撤退は幸福を選択する自分の能力を守るものでもある。

あるとき、わたしは南カリフォルニアで開催された女性のみのイベントで講演をした。すると、講演後に、トイレで小柄な金髪の女性が近づいてきて、夫をもっとうまく扱う方法を教えてほしいと言った。「わたしのほうがどちらかというと楽観的で、夫は悲観的なんです。それが耐えられなくて」

声からは不安と鬱憤が感じられた。夫に「希望を持ってもらう」ために一生懸命頑張った後の失望すら想像できた。何年もの間、女性は無駄な努力を続けてきて、もう無理だと思っていた。わたしも同じ経験をしたことがある。そのときは、ネガティブな人々のせいで、気分や行動が悪い影響を受けた。わたしがこれから話すような人は、あなたの身近にもきっといると思う。

　その日は勤務初日だった。わたしはテキサス州エルパソのテレビ局KTSMのニュースチャンネル9で正午と午後5時から放送されるニュース番組のレポーターとして雇われ、麻薬押収の取材を担当することになった。エルパソは麻薬取締局、CIA、FBIなどの巨大な連邦法執行機関のおかげで米国内で7番目に安全な街だが、メキシコの国境に近いために麻薬がらみの強制捜査が多い。麻薬押収のニュースはとても簡単である。「誰が、何を、いつ、どこで、どうやって」を守って話せばいいだけだ。だが、わたしは慣れない街で初報道をするので緊張していたうえに、罵詈雑言の嵐を浴びせかけるネガティブ男のノームと組まなければならなかった。

　カメラマンのノームは、中継車に乗り込んだ瞬間から悪態をつき始めた。わたしへの最初の言葉も「どうしてヘル（地獄の）パソなんかに来るはめになったんだ？」である。わたしの返事が半分も終わらないうちからドライバーを罵り、州間高速道路10号線の渋滞に不満を漏らした。取材現場に行く道すがら、地元の店を「案内」してくれると言って、わたしが避けるべき場所を片っ端から挙げていった。理由は「最悪」だから。まるで街じゅうのレストランがネズミで荒らされて衛生評価が最低ランクのCグレードか、まともなブリトーの作り方も知らないかのようだった。記者会見の会場に着くまでに、わたしはこの町へ移ってくるのをやめようかと考え始めていた。

麻薬取締局のオフィスで長々とした事情説明を聞いてから、わたしたちは麻薬の取引現場近くに車を停めた。ノームはカメラをセッティングし、午前11時55分にわたしにマイクを渡した。音声と映像のチェックを局にいるプロデューサーと一緒に済ませ、放送の準備が整ったとき、ノームが「嵐」を起こし始めた。カメラのスイッチがひとつ動かなかったために怒りだしたのだ。わたしは立ったまま自分のメモに目を通し、これから中継で言う内容を練習しようとしていたが、ノームが喚き散らす声はどんどん大きくなる。壊れたスイッチに対する文句は「粗悪品」や「サポートされていない」へ変わり、もはや歯止めがかからない。それはカテゴリー5の巨大な嵐だった。

わたしはその影響をもろに受けた。生中継の間もノームは文句を言い続けている。わたしは生放送ながら整然と話そうとしたが、気が散って仕方なかった。ノームの振る舞いは彼自身の1日をだいなしにしただけでなく、わたしにも津波のような大被害を負わせた。頭が働かなくなり、言葉がつかえて放送中に2度、言い直すはめになったのだ。

確かに幸福は個人の選択によって決まるが、ほとんどすべての選択が周囲の影響を受けている。ネガティブな人々がわたしたちの体調や行動に与える影響を軽んじてはいけない。本章では噂話、批判、無関心などについて論じるが、ほとんどが有害だ。ネガティブな人々に繰り返し接していると不安になり、頭痛や疲労といった症状が現れる可能性がある。

ネガティブな人の影響力は細胞レベルにまで及ぶ。日常でストレスに繰り返し晒されれば、染色体の末端にあるテロメアが破壊され、寿命が縮まることさえあるかもしれない。[1] つまり、ノームのようなネガティブな人のせいで、あなたが早死にするということだ。

さらに悪いことに、他者が漏らしたネガティブな感情は感染力が強い。[2] 瞬時にネガティブなエネルギーがわたしたちに降り注がれる。感情が強く表現された場合はさらに感染力が強まる。[3] わたしたちは他者に感情移入するようにできているので、そうした感情を取り込んでしまうのだ。本人が何も言わなくても、ストレスやネガティブな感情は拡散する。脳は非言語的な合図や些細な表情をとらえ、それにもとづいて状況を解釈するからだ。[4]

ジョージア大学で行われた研究では、ネガティブな考えはとても感染力が高く、鬱病は人から人へと伝わることがわかった。[5] ネガティブな人に接していると、楽観的な気分だったのが不安になったり、意気消沈したりする。生きがいを感じられることではなく、他者と距離を置きたくなるようなことに意識が向かう。周囲のネガティブな感情に気づかなければ、まるでスポンジのように有害な感情をいとも簡単に吸収してしまうのである。

わたしは世界中の企業で、チームのネガティブな感情に苦労している多くの重役らに会ったが、問題なのはたいていの場合、チームのうちの1人だけであることに気づいた。たった1人だ。サムスン電子のマネジャーは、部下の管理（プロジェクトではない）にかかる時間の40パーセントほどを、チームのテクニカルリーダー1人に費やしていると言った。

そのテクニカルリーダーはきわめてネガティブなうえ、自己主張も強い。そのため、マネジャーはとてつもなく多くの時間を、テクニカルリーダー本人と話すか、テクニカルリーダーがチームのメンバーや顧客と起こした揉め事の尻拭いをするかに費やしてきた。そういったネガティブな人が職場で害をまき散らすと、周りのほとんどすべての人の生産性が低下する。ギャラップ社の調査によるとアメリカで働く人のうち65パーセント超が仕事に対し「意欲的ではない」または「あえて意欲を持たずにいる」とされ、企業にもたらされる損害は毎年、合計で5000億ドルを超える。[6] ネガティブ男のノームに5000億ドルもの価値があるだろうか。

ネガティブな人を別の部署に異動させたり、解雇したりするのも選択のひとつだし、それがみんなにとって最善という場合もあるだろう。グーグルのニューヨーク・オフィスのあるシニアディレクターは、チームのメンバーを私的な面でも仕事の面でも熱心に支えていた。ところが、1人だけ、どうにもならない部下がいた。常にネガティブなその部下のせいで、チームはばらばらだった。2年近くたってから、シニアディレクターは部下に異動を提案した。最初は罪悪感があった。「問題」を誰かに押しつけることになるからだ。ところが、話はハッピーエンドを迎えた。部下が異動先で大活躍したのだ。誰にとっても有益になった。とはいえ、いつもそんなふうにうまくいくわけではない。手元のカードでなんとかしなければならないことのほうが多いだろう。

ネガティブな人がそれほど有害なら、わたしたちは戦いに備える必要がある。水着で戦場に赴く人はいないだろう。必要な装備はすべて身につけ、心の準備をし、地の利を得られるかどうかを確認すべきだ。ネガティブな人に対峙するときも同様である。次の3つのステップ「戦略的撤退」「体勢を立て直してリソースを強化する」「再突入の計画を立てる」で考えよう。

ステップ1 撤退する

会話をより意味のあるものにするには、いったんその場を撤退するのがもっとも効果的なときがある。戦略的撤退とは、コミュニケーションが阻害されて状況が思わしくないと気づいたときに、あえて会話をやめ、時間を置いて再開したときにもっと良い関係を築くことだ。

わたしは、長年、わたしたちの会社のウェブサイトを管理してきた。そのため、技術サポートに電話をかけなければならないことも多い。だが、相手がわたしの言っていることをわかってくれない場合がよくある（確かに、何を言っていっているのかが自分でわからないときもあった）。そこで気づいたのは、助けを得るには丁寧に礼を言って電話を切り、わたしの話を理解できる人が電話口に出てくれるように、再度かけ直すのがいいということだった。

撤退は効果的な行動だ。戦闘においてはネガティブなものと思われがちで、敵を前に退却するのは臆病だとか、中途半端だとか思うかもしれない。だが歴史を振り返ると、必ずしもそうではない。戦略的撤退のおかげで戦争に勝利を収めた例もある。ジョージ・ワシントンはアメリカ独立戦争で自軍に戦略的撤退命令を何度も出し、そのおかげで大陸軍は生き延びた。1776年8月27日、ロングアイランドの戦いはアメリカ軍の敗北に終わった。そこで、ワシントンは隊を近くの砦に退避させた。数日後、今度は別の何千人もの兵を深い霧に紛れて船でマンハッタンに退却させ、その数カ月後に守りを固めたニューヨーク北部へ、その後さらに丘の高い場所まで退却した。そして、1777年に、フィラデルフィア近くでイギリス軍が背後から攻め入ってきたとき、ワシントン自身が兵を率いて勝ち、自軍の兵の多くを失わずに済んだ。

ネガティブな人との会話は、負け戦に等しいこともある。敗北の色が見えてきたら、将来の成功のために、負けを認めることも必要だ。戦略的に撤退すれば、リソース（心と身体的）を守れるし、未来に向けて行動計画を練る余裕ができる。

いつ戦略的撤退をするかは次の3つの基準で判断できる。次のどれか（または全部）に当てはまるなら、荷物をまとめて立ち去ろう。

◉撤退の基準1――防衛力が低下している

いつもの調子が出ない。頭がぼんやりし、ストレスを感じる。疲れているのかもしれないし、しばらく食事をしていないのかもしれない。自分自身をチェックして、精神状態に問題がないかを確かめておこう。問題があると、ネガティブな人に対処する際、頭が回らなくなるからだ。そうなれば、冷静に話を導くことができず、衝動的あるいは過剰に反応してしまうかもしれない。

依存症からの回復支援プログラムで使われるＨＡＬＴ――空腹（hungry）、怒り（angry）、孤独（lonely）、疲労（tired）――は、あなたの防衛力の状態を知るのに役立つ。セルフケアのツールとして、心身の状態をチェックするのにも使える。ＨＡＬＴのどれかに当てはまると、会話は下降スパイラルへ向かいやすい。そういうときは先延ばしにするか、撤退するのが一番ということもある。

わたし自身も、疲れているときには、あまり仲の良くない友人に電話をしないほうがいいことを学んでいる。結局、苛立つだけか、あとで悔やむようなことを言ってしまうからだ。自分の心身状態を評価すれば、防衛力が落ちているかどうかがわかる。

◉撤退の基準2――相手の守りが固い

相手が感情的になっていて、話を聞くのも、そばにいるのもいやがる様子のときがある。

そうしたときに、相手に接したり、話かけたりしてもうまくいかない。相手が感情を高ぶらせているときは注意しよう。怒りをぶつけられれば、感情的にも、身体的にもこちらが傷つくことになるかもしれない。相手の感情の温度を読み取り、高すぎるときは距離を置く。子供の頃、お母さんが怒っているときにお菓子をねだってはいけないと学んだように、相手の機嫌が悪く、ネガティブな状態にあるときに大事な会話はしないほうがいい。

◉撤退の基準3——数のうえで劣勢あるいは包囲されている

話し合いが不適切な時や場所で行われると、通常のソーシャルスクリプト通りにならないこともある。告別式で春休みの旅行の話をしたい人はいないだろう。それと同じで、ネガティブな人と関わるのにも適切なタイミングを選ぶ必要がある。

2年前に仕事をしたボストンのある金融機関の重役は、勤務評定の面談をするときには、あるネガティブな従業員の順番を最後にするという。そうすれば、その従業員は面談が終わってすぐに家に帰るので、鬱憤（たくさんあるに決まっている）をオフィスで広めることがないからだ。

時と場所に加え、周囲の人も理想的と言えないときがある。ネガティブな人の振る舞いは、誰が同席しているかによって大きく変わる。知り合いの若い夫婦は、どちらの両親に会いに行く場合も、2人で一緒に行くようにしている。そのほうがいやな思いをさせられずに済むからだ。1人で行くと、血のつながらない相手に対する体裁が消え、好き放題に言われ、侮辱される。ネガティブな人の話は、同席者を増やしたり、減らしたりすると違うものになる。場にいる人々がコミュニケーションの妨げになるかどうかを考えてみよう。

状況がここまで説明した基準のひとつまたは2つ以上に当てはまるなら、撤退しよう。戦略的撤退は、職場だけでなく、家族の関係を改善するのにも使える。わたしのクライアントのエリナーは夫との関係を改善したいと思っていた。ふだんから言い争いが増えていたので、そうした状況をなんとかしたかった。結婚生活はうまくいっていたが、言い争いが2人の幸せに影を落としていた。

エリナーはわたしと一緒に、どんな言い争いをするかを、誰が、何を、いつ、どこでといった情報と一緒にリストにした。すると、ほとんどは夫が仕事から帰って1時間以内に起こっており、他の時間には問題にならないことで言い争いになっているのがわかった。つまり、ほとんどが取るに足らないものだったのだ。

エリナーは計画を練り、仕事から帰った夫が苛立っている様子のときは、1時間、戦略的撤退をすることにした。話し合うことがあるときでも、職場でストレスが多かった日は、夫が帰ってきてすぐにではなく、本人が落ち着くのを待ってからにした。おかげで夫がストレスを抱えているサインを素早く読み取るのも、戦略的撤退をするのもうまくなった。

撤退の後に話しかけると、会話の流れは大きく変わった。単純な工夫だが、2人で過ごす時間も、2人の関係もまったく違うものになっていった。

撤退後の再突入が、エリナーほど簡単にいかないときもあるだろう。言い争いに疲れて、もう二度と会いたくない相手もいるかもしれないし、元気を回復するために、カリブの砂浜に逃避してできるとも限らない。現実には、うまく準備をして再突入しなければならないときもある。そのためには、脳を衝撃から守り、体勢を立て直すべきだ。

ステップ2　体勢を立て直す

ここで指摘しておきたいのは、ネガティブな人からの衝撃を和らげるポジティブな習慣を身につけなければ、この先もずっと苛立ちが続くということだ。ポジティブな習慣とは、より前向きになり、ほんの数分でストレスを減じるために、わずかに行動を変えることである。そのようなポジティブな習慣は、ネガティブな人に対する最初の防衛線になる、予防薬のようなものだと考えてもいいかもしれない。

CBSニュースで夜のニュースを担当していた頃は、わたしの休憩時間は午後11時から午前1時までだった。その間に「昼食」をとり、ときにはテレビ番組を見た。もちろん、その時間帯にやっている番組はあまりないので、インフォマーシャルにやけに詳しくなった。つまり、もっと健康になれる、もっと裕福になれる、もっと魅了的なヒップの持ち主になれるといった番組ばかり見ていたのだ。

わたしは、いつもそうした新商品が本当に役立つのだろうかと疑問だった。そのため、ペンシルベニア大学で研究を始めたときは、ポジティブな考え方を築いて維持するのに本当に効果があるものについて、その背後にある科学を知りたいと思った。ネガティブな考え方を本当に数分でポジティブなものに変えられるのだろうか。それとも、これもまた、偽情報のインフォマーシャルになるだけなのだろうか。

10年を超える研究の結果、よりポジティブな考え方を築き、ストレスから脳を守る脳の習慣が特定できた。仕事や家庭や数えきれないほどの責務を負って、多忙な日々を送るわたしたちにはありがたいことに、そうした習慣は1日に1、2分間行えば効果がある（シェイプアップ用の器具も不要だ）。

PBS（アメリカの公共放送ネットワーク）の特別番組「幸福優位7つの法則」では、次の3つのポジティブな習慣にスポットライトを当て、視聴者には紹介した習慣をひとつ選び、21日間、毎日やってほしいと伝えた。研究によれば、何かを21日間続けて行うと、それが日常の習慣になるという。こういった習慣を身につけると、周囲をよりポジティブな目で見るようになり、ストレスやネガティブなものごとから脳を守りやすくなる。

◉ポジティブなメールを送る

方法――21日間、毎日、朝一番に知り合いの誰かに短いポジティブなメールを送り、相手を褒めたり、ねぎらったりする。そのうちに、1分か2分またはそれより短い時間でメールを送れるようになる。相手は同僚、夫か妻、幼なじみ、あるいは会社の警備員や受付の人でもいい。メールアドレスがわからないときは、簡単な手書きのメモにしてみてはどうだろう。相手が自分の人生をどう変えたかを伝えるのが大事だ。

効能――ネガティブな人のことを考えると、精神的なリソースが消耗されるのを感じるときがある。その人から受ける悪い影響や、次にその人に会ったらどうしたらいいかを考えると心がかき乱される。また、わたしたちはよく、元気をくれる周囲の人々のことを忘れてしまう。この短時間のメールの習慣を毎日、続けると、ソーシャルサポート、つまり自分の力になってくれる人たちを思いだし、ネガティブな人の存在がとても小さなものであることに気づく。ソーシャルサポートは幸福を予測するもっとも重要な要因のひとつだ。メールの相手と意味深いつながりがあれば、ネガティブな人からの影響が小さくなる。空いたスペースは、良い影響力があり、ポジティブで、心を豊かにしてくれる人々で満たすといい。

◉感謝の気持ちを集める

方法――21日間、毎日、感謝している3つのことを新たに、具体的に書き出そう。感謝の理由も簡潔に記す。例えば、今日、息子に大好きだと言われたおかげで、自分を特別だと感じられたことに感謝していると書くのもいい。毎日、新しい出来事を見つけるのが重要だ。3週間後には感謝することが63項目以上になる。

効能――感謝のリストを積極的に作ることで、周囲に対する意識がよりポジティブになる。脳が、不満やストレスの要因ではなく、ポジティブで意味のあることを探すようになるのだ。毎日、1、2分、もっとポジティブな状態になれるような、新しい神経回路が脳に作られる。イースタンワシントン大学で行われた研究によれば、たった1週間3つの感謝をリストアップするだけで、被験者の幸福感が、実験期間中だけでなく、終了1週間後も上昇し続けたという。[7] 60歳以上の人を対象にした類似の研究によれば、感謝の習慣を被験者が2週間取り入れたところ、幸福感が有意に上昇し、その習慣をやめて1カ月たってからも幸福感が安定していた。毎日のちょっとした習慣のおかげで幸福感への影響が持続したのだ。[8]

◉ポジティブな写真を撮る

方法――21日間、毎日、少なくとも1日1回、あなたにとって大切な瞬間や出来事を写真に撮ろう。夕焼け、子供の寝顔、成功したプロジェクト、その晩に夫あるいは妻が作ってくれた食事など、幸せ、感謝、喜び、安らぎ、平静、愛などのポジティブな感情が湧いた瞬間をとらえるようにしよう。1週間の終わりにそれらの写真に目を通し、その週の心に響いた瞬間を振り返ろう。

効能——何十年後も、写真を見た瞬間にそのときのポジティブな感情が呼び起こされる。それらの写真を見返すことで、その瞬間を再体験すれば、ポジティブな気持ちをもう1度味わうことができる。さらに、日頃からポジティブな被写体がないかと期待するようになる。感謝することのリストを作るのによく似ている。ポジティブな写真によって周囲に対する視点が変わると、より楽観的な気分になる。

こうした単純な習慣で、考え方やエネルギーレベルを大きく変えられるとは思えないかもしれない。だが、わたしたちのもとには、ポジティブな影響があったという話が何千件も寄せられた。このような習慣のひとつ（気が向けばさらに多く）を取り入れると、日頃からポジティブで意味深いことに意識が向かうようになり、やがてネガティブな人の影響をあまり受けなくなる。感謝の習慣やポジティブなことを探すといった簡単な行動によって、ストレスやネガティブな人々から関心がそれ、すばらしい瞬間や、その瞬間に味わったポジティブな気持ちを思い出してエネルギーが湧いてくる。

ステップ3　再び突入する

『孫子』では、優れた将軍は常に戦いの時と場所を選ぶと述べられている。こうした条件を考慮に入れ忘れたり、無視したりすると災いを招くことになる。職場や家庭で戦いを有利にしたいときも同じだ。戦略的撤退をし、ポジティブな習慣によって体勢を立て直してリソースを強化したら、再突入の計画を練ろう。計画には注意がいるが、ネガティブな人の影響をなくすためなら、その甲斐もあるというものだ。地勢を把握し、援軍を呼び、2分ドリルを行い、再開する会話を実りあるものにしよう。

◉地勢を把握する

まず、与えられた条件を把握する必要がある。場所、時間、ネガティブな人の領域に再び入ってどのくらいで出てくるかなどを考える。これに関する科学はない。というのは、人によって条件が違うからだ（だから『孫子』はサイエンスではなくアートに関する書と呼ばれている）それでも、いくつかの法則を見つけることはできる。まず有利な形勢を作ろう。相手があまり忙しくなく、ストレスが少なく、（比較的）機嫌が良さそうなときを見計らう。良い状態に近いところから始めるほうが、会話を前向きにしやすい。当たり前かもしれないが、わたしは多くのマネジャーが、相手がもっとも苛立っているときに関係をやり直そうとするのを見てきた（「撤退の基準2」を思い出そう）。また、選べるなら自分が優位な場所にしよう。他者もいる廊下で話すほうが、部屋に入ってドアを閉めてから話すよりいいかもしれない。生産的な会話を促し、相手がネガティブな態度を見せるのをはばかるような時と場所を選ぼう。会話に要する最適な時間を前もって把握して、必ずそれを守ろう。うまく話が進んだからといって、さらに長引かせようとはしないこと。わたしの親しい友人の1人は「気難しい」両親を訪れたとき、雰囲気が良かったために、予定より長居したことが2度あった。そして、2度とも後悔しながらわたしに電話をかけてきた。突入し、ミッションを完遂し、痛手を受ける前に退散しよう。

◉援軍を呼ぶ

戦いでは、勝つために援軍を呼ぶ。ネガティブな人と話をするときは、相手の武装解除に役立ってくれそうなポジティブな人に同席してもらうといい。こちらから声をかけて同僚、友人、人事部門のマネジャーに来てもらおう。他者の同席がないときは、儀礼的な挨拶を交わす以上のことはしないようにする。

援軍としてポジティブな人が多く同席すれば、ネガティブな人の発信力を弱められる。あるマーケティングの専門家がクリスマスパーティに夫と一緒に参加したところ、不快な上司との会話がこれまでになく良いものになったらしい。あとで夫に、何年も「最悪の」上司と聞かされていたのが信じられない、と言われたそうだ。夫が一緒にいたことによって、上司の毒性が弱められたのである（もっとも、そのマーケティングの専門家はいまだに確信を持てずにいる）。

◉2分ドリルを実践する

大学やプロのスポーツチームは繰り返し「2分ドリル」を行う。ネガティブな人に、再度、関わるときも同様のことをするといい。フットボールでは、どのチームも残り2分くらいの時点で負けていた場合にどうするかを決めている。作戦を伝え合って、時間を無駄にしないようにするためだ。プレイコールも、どこへ向かって走るかも、最短時間で成功率が高いのはどのパスかもわかっている。

わたしは、撤退後に再度ネガティブな人と関わるときは、いつも2分ドリルを用意している。安全で、優位に立ち、目標をすばやく達成できる話題も3つ決めておく。休暇をとって砂浜で過ごしたときに、オフィスに戻って、ネガティブな1人に会ったらすぐに使えるように、2分ドリルをいくつか綿密に策定した。どこで相手に会うかによって使い分けるためである。さまざまなディフェンスやブリッツにも備えた。ネガティブな人よりわたしのほうがずっと、2分間を戦う体勢ができていたのだ。

わたしはこの「プレイブック」の見本をカリフォルニアにあるテクノロジー企業の会計士からもらった。彼はいつも、ネガティブな同僚から簡単な質問に対する返事をもらう必要があった。だが、メールはすぐに返信してもらえないので、答えを聞きにその同僚のオフィスまで行かなければならない。彼が目指したのは、同僚のオフィスに入り、情報を得て、ネガティブな態度や言葉の渦に巻き込まれる前に退室することだった。彼の2分ドリルは簡単だが、効果的なものだ。

◉2分ドリル――速やかに返事をもらう作戦

1　パワーリード――同僚のオフィスのドアを笑顔でノックする。返事があったら、部屋に入るが椅子には座らない。「プロジェクトの完成、おめでとうございます」と言う。あるプロジェクトが順調に終わり、称賛されたばかりなので、その話題で始める。リーダーの悪口を言い始めたら（前もそうだったので）、用意しておいたポジティブな言葉で応える。「まあ、いずれにしても、リーダーはあなたの功績を認めていますよ。場外ホームラン並みの活躍でしたから」

2　任務完遂――答えをもらうために質問する。質問は簡潔に。答えをよく聞き、追加の質問は最低限に抑える。

3　友好的に去る――感謝をして称える。「情報に感謝します。助かりました。あなたがこの件について詳しいのでありがたい。必要な情報があるおかげで、このプロジェクトはうまく進むと思います。ありがとうございます！」そして、すぐに立ち去る。

彼は、初めてこれを試したとき、完璧に実行できたそうだ。それ以来、少しずつ変化を加えて何度も使っている。あなたが、最近、上司や義理の母親と対立しているなら、悪い影響を受けずに必要な情報を引き出したり、必要なメッセージを伝えたりするのに2分ドリルが役立つだろう。ネガティブな人を相手にするときは、戦略的撤退、体勢の立て直し、再突入によって主導権を握り、負の影響を弱めよう。そうすれば、他者に対する考えが変わるかもしれない。または、フロリダにある銀行のテラー、シャーリーンのように、戦略的撤退から愛が生まれるかもしれない。

シャーリーンは毎週、同じ男性が貯金をしに来るのに気がついた。その男性が来ればすぐにわかる。哀れな様子で、行員や他の客に対して無礼な振る舞いをするからだ。シャーリーンがいる窓口に来るときは、怒鳴りつけるように話し、棘のある言葉を吐き、待ち時間が長いだの、入金伝票がどうだのと不満を言う。

シャーリーンは、友人とコーヒーを飲みながら、その男性が入って来るたびに恐怖を感じることを話した。ところが、驚いたことに、心のなかで愛を送ってみたらどうかと提案される。最初はなんて馬鹿なことを、と思ったが、試してみるべきだと説得された。ゲームだと思えばいい、と。そこで、その男性が入ってきたら「愛している」と心の中で思うことにした。無言の2分ドリルだ。

もちろん、しばらくはなんとも滑稽に思えた。心のなかで「愛している。愛している。愛している」と言い続ける。男性は何の反応も示さない。それでも、どんなにくだらないと思っても、ドリルに従う。すると2カ月ほどたってから変化が起こった。男性がシャーリーンを見上げて、にっこりと笑ったのだ。シャーリーンも笑顔を返した。男性が次に来たときに「帳簿の管理に困っている」と言ったので、シャーリーンはお手伝いしましょう、と申し出た。まもなく、男性が不満と怒りを抱えていたのは、妻を亡くし、悲しみが癒えずにつらい思いをしていたせいだとわかった。シャーリーンがその男性を大事に思う気持ちは強くなり、2年後に2人は結婚した。無言の戦略的撤退ですら、どんな結果につながるかわからないものだ。

まとめ

わたしたちがネガティブな人に影響されるのと同様に、わたしたちもネガティブな人に影響を与えられる。それは本書を通して伝えたいことでもある。感情は双方向に感染するため、わたしたちがノームのようにネガティブな人やパティのような偏屈な人にポジティブな態度で接すれば、相手にも変化が起こる。関わり合いになるたびに毒を浴びたり、不幸自慢に参加したりせず、彼らを啓発しよう。『孫子』には「戦わずして人の兵を屈するは善の善なる者なり」とある。戦いに負けずに、あるいは最初から争わずにネガティブな人をポジティブに変えるのが最終目的だ。ネガティブな人と戦略的に接すれば、エネルギーを節約して、それを成功や幸福を呼び込むような活動や関係の構築に充てられる（ビーチリゾートへの戦略的撤退が必要な気分になったら、わたしに連絡してほしい）。

まずは、やってみよう

ネガティブな人に対してポジティブな態度で接すれば、相手のものの見方に変化が生まれる。ネガティブな人が相手のときは、戦略的撤退をすべき状況もあるかもしれない。そういうときは撤退をし、体勢を立て直し、再突入の計画をガイドラインに従って立てよう。そして、その戦略が相手との関わりに及ぼす効果を観察しよう。また、あなたの幸福に相手が及ぼす影響力を小さくできたかどうかを確認しよう。

ルール6

4つのCで悪い知らせをうまく伝える

スピード違反でチケットを切られて上機嫌でいることを想像できるだろうか。

警察官はいろいろな経験をする。確実に起こるのは、人々からの苦情だ。スピード違反で捕まったことが不満な人はスピード測定器が正しく調整されていないと訴え、一時停止違反で捕まって腹を立てている人は、警察は「重大な」犯罪の取り締まりに集中すべきだと主張する。警察官は苦情とは無縁でいられない。正当か不当かはさておき、苦情を言う人々は警察に捕まって苛立っている。

ロサンゼルスのとある分署でもそれは同じだが、エルトン・シモンズ郡保安官代理の場合は例外である。同僚の警官はみんな、前年に少なくとも2件の苦情を受けたのに、シモンズはゼロだった。その前の年もそうだった。ずばり言ってしまえば、シモンズは過去20年間で2万5000件超の交通違反取り締まりをしたが、まったく苦情を受けていないのだ。取り締まった相手から夕食に呼ばれたという噂さえある。

シモンズは悪い知らせをうまく伝える達人だ。交通違反取り締まりという仕事柄、勤務中は、毎日、何度も悪い知らせを伝えなければならない。それを20年超続けてなお、シモンズを責めるほど怒りを感じた人はいないのだ。それだけでなく、シモンズのやり方は称賛されている。声の調子、慎重な言葉の選び方、考え抜かれたしぐさに至るまで、シモンズは他の警官とは異なる。映画に出てくるような独善的、あるいは冷淡な警官ではなく、相手に理解を示し、相手が聞きたくない知らせを快く受け入れてもらえるように伝える。行動を改め、もっと立派な人間になりたいと、相手に思わせることができるのだ。

シモンズは、悪い知らせをうまく伝えるために、科学的に裏づけられた4つのCに従っている。それは以下の通りだ。

1 友好的で、和やかな表情で相手の目を見て、専門用語ではなく平易な言葉で穏やかに話しかけ、相手との**ソーシャルキャピタルを築く（Create）**。

2 **状況（Context）を説明する**。単に違反や罰金の説明をするのではなく、地域の安全をどうやって一緒に維持すればいいか、道路の安全が地域に住む家族にとっていかに大切かといった話をする。

3 運転手が選択を誤った事実について、**思いやり（Compression）を示す**。言葉や声の調子から誠実さを伝えれば、相手はシモンズが毎月のノルマをこなそうとしているのではないと気づく。

4　責任を持って関わり続ける（Commit）。運転手に改善のための助言を与えるだけでなく、さらに質問が必要なときのために職場の連絡先を伝える。質問はほとんどないが、夕食に呼ばれることはある。

シモンズが伝えるのは、他の多くの同僚と同じことだ。だが、伝え方が他者とは異なるだけでなく、相手にどう受け取られるかも大きく違う。

ある講演のあと、1人のマネジャーがわたしにこう言った。「ありがとうございます。これからはポジティブなことだけを言うようにして、人の欠点は見ないようにします。人を褒めるだけにします。いつも幸せでポジティブでいるよう努力します」。彼女はわたしの講演を称えるつもりで言ってくれた。だが、講演を聞いて得たのがそれなら、わたしは完全に失敗したことになる。

悪い知らせも人生の一部だ。それを無視すれば、世の中を良くすることはできない。子供の態度や自分の勤務評定や社会について、改善すべきことには取り組む必要がある。だから、悪い知らせをどう伝えるかが重要になる。

本章ではネガティブな内容をネガティブに聞こえないように、あるいはネガティブにならずに伝える方法を考える。職場、家庭、人間関係など、さまざまな場面における4つの

Cについて説明したい。このスキルを身につけた人は周囲を心服させる力が増すのに加え、難しいときにあっても夜はよく眠れるようになる。周囲からより好ましく思われ、ポジティブな変化を起こせる。さらに、前から築いてきた社会資本《ソーシャルキャピタル》を、将来の成功に向かう過程でも築きながら利用できるようになる。

ステップ1　ソーシャルキャピタルを築く

スコットはマネジャーとしての新しい仕事を前にわくわくしていた。妻から「情け容赦なく実利的」と評されているスコットが、引き継いだばかりの自分のチームの能力を評価したところ、チームの今後のために解雇しなければならないメンバーが2人いることがわかった。わたしがスコットからその話を聞いたのはその2年後だったが、2人が足手まといなために解雇されるべきだったというスコットの考えは変わっていなかった。だが当時のことを後悔してもいるらしい。

2人の仕事ぶりが、長年、標準を下回っているのは、進捗報告書、業務記録、収益から明らかだった。スコットがマネジャーとして最初に行ったのは、チームのメンバーと感情の絆を築くことでも、メンバーから改善のためのアイデアを聞くことでもなかった。チームを集めて未来へのポジティブな展望を伝えることでもなかった。その2人を解雇することだった。

スコットは着任して最初の1時間のうちに、2人を自分のオフィスに呼び、ビジネススクールで学んだ通りのやり方で難しい話題を切り出した。長所を3つ挙げたあと、とどめを刺したのだ。わたしには、自分の非を認めるユーモアを交えながら、次のようなことを言った、と告白した。「あなたの電話のマナーはすばらしい。タイピングは速い。あなたはおいしいコーヒーをいれられる。建設的なフィードバックとしてわたしが伝えられるのは、あなたは仕事があまりできないということだけだ。ここであなたが働くのは今日が最後になる」。こうして、指揮をとり始めて1時間足らずで、チーム全体の業績の足を引っ張る2人を葬り去った。他のメンバーはその2人の仕事ぶりは知っていたが、2人がクビにされた瞬間に、スコットを信頼できなくなった。

その余波は大きかった。傲慢な何も知らない人間が、警告なしに部下をクビにしたという噂が部内全体に広がり、スコットは即座に無慈悲で、人間味がなく、数字だけを重視するという烙印を押された。スコットと会ったことがない人も、そのエピソードひとつでスコットを知ったような気持ちになる。チームのメンバーの多くは、自分たちもチャンスを与えられないまま解雇されるのでは、と不安になった。そうしたネガティブな反応すべてが生産性とエンゲージメントの低下につながった。1週間後にはここにいないかもしれないと思えば、誰も働く気になどなれないだろう。1年後、スコットのチームはギャラップ社のQ12調査でエンゲージメントのスコアが社内最下位となり、優秀な2人は同業他社に引き抜かれた。スコット自身も、もっと小さなチームへ異動させられた。

スコットには、悪い知らせを伝える前に築いておくべきだったソーシャルキャピタルがなかった。もし1日でも待つか、あるいはチーム全体のミーティングを開き、組織に変更があるが、それは翌年の飛躍のためだと説明していたら、お荷物の2人の解雇も穏やかにできただろう。だが、最初にソーシャルキャピタルを築かなかったため、ネガティブな知らせをうまく伝えられなかったのだ。

ソーシャルキャピタルとは、わたしたちの行動を支える社会的ネットワークの信頼や自発性にもとづいたリソースである[1]。良い時期に築かれたソーシャルキャピタルは、悪い時期を乗り越えるのに大きな力になる。ともにソーシャルキャピタルを築いた人々は問題にぶつかったときに、あなたを信用するべきか、またはあなたがいい人なのかを自問せずに済む。そのおかげで問題を分析し、どう解決するかをブレーンストーミングし、ポジティブな行動によって前進することに意識を集中できるのである。

ソーシャルキャピタルのリソースには、情報、アイデア、能力、影響力、信頼、善意、協力などがある。こうしたリソースの価値を左右するのはネットワークの広さや深さ、需要、タイミングなどだ。自分のネットワークにいる人のことをよく知っていれば、必要なとき、すなわち仕事で知的または物的リソースに関する問題や不足があったときに、必要な人同士を結び合わせることができる。それができれば、同僚はあなたのことをリソースや影響力や人脈を持つ人だと考える。

強固な社会的ネットワークがあれば、より給料が高い仕事や速い昇進など、組織や経済的見返りへの影響が強くなることが、多くの研究で示されている。ネットワークの中心にいる人は、端のほうにいる人とは逆に高い収入を得ている場合が多い。つまり、ソーシャルキャピタルは貨幣資本にもつながる。[2] 単に日々の業務を片付けるのではなく、ネットワークを築くことに集中するマネジャーのほうが成功することも多い。[3] ソーシャルキャピタルは大きな価値がある通貨なのだ。

ＩＡＰＲの研究では、幸福と業績を効果的に予測できる要素は、その人が周囲に与えられる支援——ソーシャルキャピタルを築くうえで最良の手段——のレベルであることが明らかにされている。職場やプライベートの人間関係では、気遣いによってソーシャルキャピタルを築くのが効果的である。たとえば職場では、仕事が遅れている同僚に手を貸す、イベントの立ち上げを手伝う、相手の悩みを聞く、などが支援を与えることになり、そうすることによってあなたは頼れる人物とみなされる。支援を与える度合いが上位25パーセントの人々を、わたしたちは「職場の利他主義者」と呼んでいる。彼らの仕事に対するエンゲージメントは、下位25パーセントの人（与えられるのを待つ人）の10倍で、昇進の可能性は40パーセント高い（BroadcastingHappiness.com の Success Scale を使って自分が与えられる支援を測ってみよう）。

ソーシャルキャピタルは主に周囲とのポジティブな交流から生まれる。ポジティブなやりとりや体験を共有した相手は、魅力的で好ましい人物として記憶に残る。豊かなソーシャルネットワークと高いレベルのソーシャルキャピタルを築くには、職場でもそれ以外の場所でも、絶えずポジティブなネットワークを作ることが必要になる。友人に電話をかけて様子を確認する、親戚にクリスマスカードを送る、笑顔で店員に挨拶をするといった行為がソーシャルキャピタルを築く。

ポジティブな関係が長く、また深く築かれるほど、その人のイメージが「信頼できる」「親切」「助けになってくれる」といった性質に強く結びつく。ポジティブな体験を共有するとソーシャルキャピタルの蓄えが増え、その結果、人の信頼も得られる。警官のシモンズは、懐中電灯で相手の顔を照らしたり、相手を手に負えない子供のように扱うのではなく、敬意を示すことで、すばやくソーシャルキャピタルを築いたのだ。

ソーシャルキャピタルはすばらしい資産だ。だが、それをどうやって築き、維持すればいいのだろうか。楽観的な考えが活用できる。さらに、本章ではソーシャルキャピタルを増やしたり、ソーシャルキャピタルを築く機会を日常に取り入れる、より手軽で確実な方法を紹介したい。

◉活動を共有する

活動の共有はソーシャルキャピタルを築くための最良かつもっとも簡単な方法だ。食事、コーヒー、お茶、カクテルなどを一緒に食べたり飲んだりする習慣は、何世紀ものあいだ社会的絆を築くために活用されてきた。中世では、食事や飲み物を与えた人を家で保護することになっていた。現代では、互いをもっと知るために最初に提案されることのひとつは、一緒に飲みに行くことだ。それには「一緒に飲めば互いを知り、絆を結ぶことができて、必要なときには味方になってくれるかもしれない」という意図がある。

考えてみよう。職場以外で会った同僚には、より親近感を持つのではないだろうか。作家と一緒にスターバックスに行ったことがあれば、その人の作品を批判したいとは思わないだろう（わたしと一緒にコーヒーを飲まない？）。何を食べるか、飲むかは重要ではない。一緒に行うことが社会的な絆を深めるのだ。定期的に他者と一緒に食べたり、飲んだりして、社会的な絆を少しずつ深める努力をしよう。ボランティア活動、スポーツ、映画鑑賞、旅行なども社会的な活動の共有になる。活動の期間が長く、頻度が高く、感動的なものであるほど、ソーシャルキャピタルの蓄えは多くなる。あなたの子供が相手の場合は、時間の質と量が大事だ。ソーシャルキャピタルへ投資した見返りは、他のどんな投資よりもすばらしいものになる。

◉人前で繰り返しほめる

職場では、ポジティブな貢献を周囲に広める人として知られるようになろう。わたしたちは次の目標に集中するあまり、すでに築いた功績を称えるのを忘れてしまうことが多い。戦略は前述しているので、まだ実践していないなら、顧客を満足させた、プロジェクトを完成させた、売り上げ目標を達成したなどの功績を探し出し、それを現在のプロジェクトや目標に結びつけよう。ミシガン州カラマズーに住むクライアントの1人は最近、週1回の会議でチームのメンバーにこう言った。

「わたしたちは現在、除細動器の改良版販売に向けて頑張っているところですが、ここでこれまで積み上げてきたものを振り返りたいと思います。2年前の今日、ベータ版が発売され、5つの顧客に販売しました。それ以来、ポジティブなフィードバックをいただいているだけでなく、今日までに50を超える顧客に買っていただきました。わたしたちの除細動器は、全米300カ所を超える医療施設で使われ、人々の命を救っています。そのことを思い出して、最後の追い込みであるこの数週間の励みにしてほしいと思います。わたしもそうします」

称賛、インスピレーション、動機づけのためのメッセージを発信すれば、周囲の人々から功績を忘れずにいる人だと認められて、ソーシャルキャピタルを築くことができる。その結果、さらに強い絆を感じてもらえる。

◉5分間の会話

自分のネットワーク内にいるものの、あまりよく知らない人とは、毎日5分間、積極的に話をするようにしよう。毎日、新しい人と連絡を取ろう。相手に近づき即興で会話を始めるには熟練を要するかもしれないが、慣れたら楽しめるようになる。相手について新しいことをひとつ聞くようにしよう。「今の仕事でもっとも良いのはどんなことですか？」とか「プロジェクトの進み具合はどう？　わたしを含め、誰かが手伝えるようなことはある？」のように質問すればいい。もっと個人的なことでもいいだろう。例えば「週末のカウボーイズの試合、すごくなかった？」と言ってみる。重要なのはポジティブなやりとりをすることである。そうすれば、相手はより打ち解けた気分になるので、絆を作りやすい。

◉人を呼び出す

相手の長所を称えれば、こちらがちゃんと見て、評価していることを効果的に伝えられる。創造性、好奇心、謙虚さ、やさしさ、ユーモア、指導力、向学心、対人関係のスキル、チームワーク、熱意などを称えるといい。

特性としての長所は、誰にも奪うことのできない固有のものだ。成功のように時とともに色あせるものではなく、人としての本質的な部分を称えるほうが、相手の心により大きく響く。あなたのソーシャルネットワークにいる人が勇敢な行い（あなたの営業アシスタントが顧客一同の前で、新製品の機能や品質の向上について報告した）、親切な行い（新しいインターンが別の部門にいる同僚を手伝って遅くまで働いた）、積極的な行い（年次会議の司会として期待を上回る働きをした）をしたときはそれを称えよう。相手の長所とそれが現れた具体例を見つけ、相手とのあいだにソーシャルキャピタルを築こう。

1日に少なくとも15分間、質の高い活動を行い、ソーシャルキャピタルを強化すべきだ。さもなければ、ソーシャルキャピタルの蓄えが足りず、先頭に立って難局を乗り越えるとか、言いづらい話をうまく伝える、といったことができなくなるかもしれない。15分とはいっても、ある場所で3分間、別の場所で5分間というように1日を通しての合計でいい。ソーシャルキャピタルを高めるアイデアをBroadcastingHappines.comで募ったところ、オフィスアワー（上級職などが質問に応じたり相談を受けたりするための時間）を設ける、ポジティブな内容のメールを送る、休憩室で打ち解けた会話をする、専門的能力開発と学習の機会を設ける、同僚にビールをおごるなどのアイデアが集まった。

あなたが起業家なら、同じ分野の他の起業家を呼んで、楽しく、形式張らない夕食会を開催するのはどうだろう。わたしが聞いたもっとも良いアイデアのひとつは、ロンドンにある企業のトレーディング部で行われるフライデー・ビアカート（金曜日の勤務時間中、会社がビールを配って従業員をねぎらうもの）だ。景気後退によってビール用の予算が尽きてしまったため、マネジャーが自腹でチームにビールを振る舞った。それは人生で最良の投資のひとつだったとマネジャーは言う。まさにプロの投資家だ。チームは業績を回復しようとさらに懸命に働き、最終的に社内のどの部よりも速く成果を出した。リストラが実施されたとき、組織がどうなるかについて、マネジャーのところにみんなが話を聞きにきた。すべてはそれまでに築き上げたソーシャルキャピタルのおかげだ。人員整理に部下は悲しんだが、マネジャーが面倒を見てくれるだろうと信じた。これは本章の最初に出てきたスコットとは正反対である。先にソーシャルキャピタルを築いておかないと、悪い知らせをうまく伝えられないのである。

ステップ2　状況を説明する

悪い知らせを伝える前にはソーシャルキャピタルを築く必要があるが、知らせを伝えるときは、状況説明と相手への思いやりの両方が必要になる。マネジャーでもメンテナンス担当者でも母親でも、ネガティブな内容を伝えるときは、どう伝えるかが重要だ。

ある日わたしは、幸福を発信することとビジネス上の価値につながりについて基調講演を行うために、コンピュータ大手のヒューレット・パッカード社（ＨＰ）を訪れた。わたしがステージに上がる前に、間もなく人員整理が行われるという発表があった（なんてひどいパワーリーダーだろう）。ＨＰは５万５０００人超の解雇を計画していた。聴衆に向けてわたしは言った。悪い知らせが続く今こそ、それを乗り越えるために幸福の情報発信に関する研究が役立つ、と。講演後、驚いたことにあるテクノロジー部門のシニアマネジャーがわたしに、実はリストラが楽しみだと言った。最初は彼が冗談を言っているか、頭がおかしいのだと思った。だがそのどちらでもなく、言っていることは、実際に理にかなっていることがわかった。彼はリストラによって上司が変わるのではないかと考えたのだ。わたしは笑ったが、その人の話を聞くうちに、悪いリーダーは状況を説明しないが、良いリーダーは説明するということを言いたかったのだとわかった。

彼の前の上司は、プロジェクトの締め切りに間に合いそうにないなど、難題にぶつかって悪い知らせを伝える際は、チームを力づけ、うまく乗り切れると希望が持てるような伝え方をした。新しい上司のロジャーは、そうした励ましもなく、さらに悪いことに、チームのメンバーを苛立たせた。例えばこんなことを言った。「予定より5日遅れている。終わらせてもらわないと困るから、残業しなさい」

前のポジティブな上司は、同じことを伝えるときでも、状況を説明した。「きみたちはこのプロジェクトのために、長い時間を費やしてきたし（これまでの状況）、仕事の質も高い（努力を認める）。さっきバリーがメールで送ってくれたプレゼン資料もそうだ（部下の仕事を具体的に把握している）。現在、シニアリーダーが設定した予定より5日、遅れている（悪い知らせ）。きみたちは彼らがこのプロジェクトにかかる労力を理解していなかったんじゃないかと思うかもしれない（気持ちのつながり）。確かに、彼らの見通しは甘かった。それでも、このプロジェクトを成功させ、売り上げ目標を達成しなければならないし（悪い知らせの根拠）、これ以上、優秀な人を失わずに済むようにしたい（情動面の「なぜ」）。だから、今夜は残業してほしい。家族と過ごす時間がなくなってしまうが（情動面の配慮）、それはわたしも同じだ（積極的な関与。これについては次で触れる）。だが、わたしたちはこの仕事をやり遂げられるし、これが多くの社員の家族が今年の収入を維持する助けになる（残業の意義）と信じている」

このやり方だと、悪い知らせを伝えるのに30秒は長くかかるが、効果の差は明らかだ。なかには絆創膏のように一気に剝がせば痛くないとばかりに、話を伝える人もいる。だが、すぐれたマネジャーは、すぐれた医師のように考える。相手に理由を説明すれば、相手はあなたを信用し、その後もあなたのもとに戻ってくるのがわかっているのだ。

ここまでわたしが強調したポイントを忘れずに、うまく状況を説明し、悪い知らせを上手に伝えてほしい。知らせを受ける相手の立場を理解していることが相手に伝わるよう、詳細を話そう。そこに至った経緯とそうなってしまった理由を理論的に十分、説明しよう。最後に、ネガティブな知らせから連鎖的に起こる出来事をあなたが理解していることを示そう。それには、事実を現状をよりポジティブにとらえられるように状況説明をしよう。

より良くとらえなければならない。

ストレスの多い状況になったとき、陥りやすい罠が2つある。ストレスの多い状況を「狭い」または「二元的な」とらえ方で考えてしまうことだ。どちらも有害だ。進歩を妨げ、ポジティブな行動を阻む。狭いとらえ方をすると、全体のほんの一部しか見えず、解決の助けになりそうなものを見逃してしまう。例えば、売り上げの数字が落ち込んだときには、成績の悪い人を辞めさせようとか、全員にもっと長く働くよう要求しようとかいったことしか考えず、みんなに研修を受けさせてスキルを向上させるとか、成績が最下位の人を最上位の人と組ませて非公式なメンター制度を取り入れるといった選択肢に気づくことができない。

同様に、二元的にとらえると、結果には2種類しかないと脳が決めつけてしまう。つまり、勝つか負けるかである。例えば、トムがここ半年、役員会議に貢献できていないために、やる気がないように見えるとする。そのとき、トムが役員を続けるか辞めるかのどちらかの選択肢しか考えられないなら、何かを見落としているかもしれない。あなたが気づいていない何かがトムに起こったのかもしれない。心を開いて話を聞けば、トムが、昨年、3回、提案したもののすべてが却下されたので、会社のニーズを十分理解しようと、みんなの意見をもっと聞こうとすることにしたのがわかるかもしれない。

二元的な考え方でやみくもに議論をふっかけるのは人間関係を壊すだけでなく、今後つながり得たかもしれない縁を始まりもしないうちから断ち切ってしまうことになりかねない。状況が変わっても、あくまで二元的な見方にしがみついて、重要な別の情報を軽視してしまう人もいる。そういった人の心は、出来事や会話がどう展開しようと動かない。このように考え方が硬直してしまうほど、成功の可能性は小さくなる。ポジティブな情報を発信するには、問題への見方を常に更新する必要がある。

よく質問されるのが、良い知らせと悪い知らせのどちらを先に伝えるべきか、ということだ。これについては、科学的で明確な答えがある。カリフォルニア大学リバーサイド校の研究者であるアンジェラ・レッグとケイト・スウィーニーによれば、圧倒的多数の人が悪い知らせを先に聞きたがるという。[4] その気持ちはよくわかる。悪い知らせがあるなら、さっさと聞いてしまったほうがいい。だが、知らせを伝える側として、相手が前向きな姿勢で目標に向かう行動（つまり、ネガティブな状況に対処をする）をしてほしいなら、良い知らせを先に伝えるべきだということをレッグとスウィーニーは明らかにしている。

良い知らせの後に悪い知らせが伝えられることがわかっていると、悪い知らせとは何かを心配し始める。そうやって心配する気持ちが増すおかげで状況を修復する方法により関心を向けるようになるというのだ。対処する方法が何もないなら、ネガティブな知らせを先に伝えてもいいかもしれない。例えば、医師が患者に、予後が厳しく、打つ手がない話をしなければならないときは、先に悪い知らせを伝えて、それを受け止められるようにあとから良い知らせを伝えるほうがいいだろう。だが、快方に向かう手だてがあるなら、良い知らせを先に伝えてから悪い知らせに移り、その後、患者にはどのようなポジティブな行動ステップがあるかを説明して締めくくるのがいい。

もうひとつの好例は、わたしの友人ギルの話だ。ギルは生まれつきのポジティブな情報の発信者で、両親に「今年は帰省して感謝祭を一緒に祝うことはできない」とは言わず、衝撃を和らげるような、より良い事実を探して伝える。「仕事の都合で感謝祭には帰れないけれど、1月と3月は近くでコンサルティングの仕事があるから寄れるかもしれない。楽しみにしているよ」

ギルが状況を説明したので、両親は息子に会えないと落胆するだけでなく、次の機会への期待を持つことができる。ギルは、どうすることもできない悪い知らせを伝える一方で、翌年に2度、帰省する予定があることに触れ、明るい調子で会話を終えるのだ。

状況を説明するときは、次の通りにしよう。

- 心を開いた状態を維持できているか確認しよう。状況に対して柔軟な考え方を保ち、別の情報が入る余地があることを確認する。
- 検討すべき他の選択肢がないかどうかを探ろう。新しい情報や解決策を積極的に探し出そう。

●状況を説明するときは、相手を元気づけるような表現を使おう。そうすれば、あなたも周りも無力感に打ちのめされることなく、行動を起こせる。

勤務評定はネガティブなものと思われがちだが、ソーシャルキャピタルを築き、ポジティブに前進する機会にもなる。なぜネガティブな評価を与えるのかを同時に説明できるからだ。プロセスを説明すれば、従業員は結論の背後にある理由を理解できる（プロセスが公平であることが前提）。評価を伝える相手が信頼できる、善意ある人で、評価が公正なプロセスを経た結果だとわかれば、より進んで評価を受け入れられるだろう。

多くの場合、自分の見方を自覚するだけで、それが自分にとって良いことか悪いことか、その見方を変える必要があるかどうかがわかる。ふだん無意識に行っていることを自覚できるようになれば、悪い知らせを伝えるまでの時間の余裕があるうちに、自分がどのような見方をするべきかを知る助けになる。

ステップ3　思いやりを示す

わたしも多くの人と同じように、飛行機の遅延で足止めを喰らうのは嫌いだ。早く家に帰りたくて仕方がないときはとくにそうである。仕事で出張に行く機会も多いので、苦労話はそれなりにある。遅延、キャンセル、経路変更、生後4カ月の子供を連れての空港閉鎖を経験した（まったくオヘア空港は最高だ）。それでも、2007年2月にジェットブルー航空の乗客が耐えた、ある雪の日の出来事には及ばないだろう。

この話は1週間を超えて大きく報じられたので、記憶に残っているかもしれない。ニューヨークのジョン・F・ケネディ（JFK）国際空港で何千人もの乗客が何機かのジェットブルー航空の飛行機に乗ったまま閉じ込められた。吹雪のせいで滑走路は閉鎖され、飛行機の多くが氷に覆われ、凍りついた。機内の空気は暑く、息苦しく、積んであった食料と水は次第になくなっていき、トイレはひどい有り様になった。新婚旅行で西インド諸島のアルバに向かうところだったカップルは、窓からターミナルが遠くに見えたのを覚えていると語った。結婚して初めての夜だったのに、ビーチにも行けないし、家にも帰れなかった。

吹雪が収まるまでに、JFK国際空港ではジェットブルー航空の250を超えるフライトがキャンセルされ、さらに何千人もが空港で足止めされた。再予約は不可能に近く、利用者は激怒した。人気の格安航空会社としての評判を強固なものにするために何百万ドルもかけてきたジェットブルー航空だったが、この大失策のせいで、将来の予約や利益が伸び悩む恐れがあった。

しかし、創業者兼CEOのデヴィッド・ニールマンは勇敢にも自分の責任を認めた。会社がすべての手順を誤ったことについて、適切な対処をした。それは航空会社の歴史上、もっともすぐれた謝罪文に見ることができる。ニールマンは4つのCを使っているうえに、つらい思いをした利用者への思いやりを効果的に表現している。

お客様に対し、申し訳なく、恥ずかしく思います。ですが、何よりも心から申し訳なく思っています。先週の対応は、ジェットブルー航空7年間の歴史上、最悪のものでした。厳冬の吹雪に見舞われたお客様に、大幅な遅延、フライトのキャンセル、ロストバゲージなどのご不便をおかけしました。プレジデント・デーの祝日の週末だったために空席がなく、再予約がほとんどできませんでしたし、弊社の無料通話番号に電話をかけていただいても待ち時間が耐えがたいほど長いか、つながらないかの状態だったため、状況の改善もままなりませんでした。お客様のご心労、苛立ち、ご不便につき、わたしたちがどれほど申し訳なく思っているかは言葉では表せません。

ニールマンはメアリー・ポピンズではなかったが、メッセージを砂糖衣で覆った。簡潔で要領を得たメッセージは、乗客がどんな気持ちだったかを示し、1人の人間としてそうした気持ちを理解していることを伝えて警戒を解かせた。気持ちがわかってもらえたと感じると、相手に対する怒りや憎しみは和らぐものである。もちろん、ニールマンの思いやりが本物だととらえられたのは、この件に責任を持って関わっていくという意思表明があったからである。それは最後のCの部分なので、次で説明する。

悪い知らせの最初に示すのに最適で、重要なのは思いやりだ。思いやりとは、相手のストレス、苦しみ、不運を気にかけることだ。「ともに苦しむ」という意味のラテン語が語源であり、単に申し訳なく思うことではない。悪い知らせを伝えるときも、ネガティブな状況に対応するときも、相手への思いやりが一番の力になる。思いやりがあれば、高所から見下ろすのではなく、話している相手と同じ立場で考えられる。警官のシモンズにチケットを切られた人の多くは、彼が一方的に厳しい判断を言い渡したのではなく、自分たちを対等に扱ってくれていると感じたと言っている。

さらに、シモンズやニールマンのような手法の効果は研究による裏づけがある。

カナダのサイモン・フレイザー大学の研究者によれば、人員削減中に従業員の士気や福利を考慮した業績の高い企業は、従業員の生産性を高く維持できたという。[5] 思いやりや配慮なしに人員整理をすると、その間の生産性は急激に下がる。繰り返しになるが、伝える内容よりも伝え方が重要なのだ。事態の悪化を恐れて悪い知らせを伝えたがらない人は多いが、実はその逆であることが研究によって示されている。

シモンズの話でわたしが気に入っているのは、彼の上司が語ったことだ。上司によれば、警官の多くは悪い知らせをうまく伝えるには、無慈悲で無関心な態度を見せるしかないと思っているらしい。ネガティブな知らせを伝える人は嫌われるのが当然だと考えているのだろう。だが、その考えが間違いであることをシモンズが示し（2万5000件の違反チケットを切っても1件の苦情もない）、その驚くべき記録のカギのひとつが思いやりだ、と上司は言った。

思いやりを持って相手に接する手法は、ビジネスでも意味がある。デューク大学とオハイオ州立大学の共同研究では、解雇の過程で思いやりが示された場合、従業員が不当解雇で訴訟を起こす割合が17パーセントから4パーセントに減ることがわかった。[6]

あらゆる場面で、この手法の価値が示されている。ケンタッキー州のレキシントンVAメディカルセンターの医師による研究では、医療過誤の疑いがある場合は患者に謝っていいという許可を医師に与えたところ、原告への支払い額が何百万ドルも抑えられたことがわかった。そうした施策を行っていなかったいくつかのVA病院（退役軍人向けの病院）は、レキシントンVAメディカルセンターより、1990年から96年の支払いがひとつの訴えにつき平均で627パーセント多かった。[7]患者に無関心だったり、言い逃れをしたり、医療過誤の報告をしなかったりした医師らは、文字通り罰金を払わされたのだ。医療現場で思いやりを示すことにより、年間何百万ドルもの出費を抑えられる。だが、そうした施策を採用している病院は推定で5から10パーセントしかない。

以前、あなたが怒ったり、ストレスを感じたり、傷ついたりしたときに、信頼する人が思いやりを示してくれたことを思い出してみよう。話を聞いてもらったり、理解してもらえると感じたりしただけで、気分が少し明るくなったのではないだろうか。友人に、一緒に計画していたスキー旅行に行けなくなったと伝えなければならないときは、相手の落胆に思いやりを示すと、怒りの感情を納得へと変える助けになる。自分の子供が化学で悪い成績を取ったら、苛立ちは理解できるとか、化学が苦手な人もいるとか、化学反応式を書くより友だちと遊びたいのはよくわかるとかいった気持ちを伝えれば、上下関係の心の壁を作ることなく、つながりが生まれる。悪い知らせを伝えるには、まず人間味を示さなければならない。人間味を示すとは、相手の苦しみに共感することから始まる。相手を思いやることが、望ましくない状況に直面したときにすばらしい関係を築く第一歩となる。

ステップ4　責任を持って関わり続ける

ジェットブルー航空の話に戻ろう。CEOのニールマンが、苛立った利用者に思いやりを示したあと、彼らと責任を持って関わり続けることがなければ、ジェットブルー航空は多大なソーシャルキャピタルを失っただろう。だが、ジェットブルー航空は旅客の権利を強化する法律の制定を強く求めた。また、新しく人を雇用し、甚だしい遅延がふたたび起こらないよう、プロセスを改めた。さらに、天候不順を理由に払い戻しを拒否することもできたが、そうはせずに遅延で影響を受けた乗客に補償をした。

悪い知らせを伝えるときは、結果をポジティブなものにするために、銀行口座の預金を使うのと同じように、いくらかのソーシャルキャピタルを使う。使った分を取り戻すには、正しい行動をする必要がある。相手の幸せや、チームや家族の繁栄を約束し、その約束を継続して守ることができれば、ソーシャルキャピタルの大きなボーナスがもらえるだろう。言葉でもいいが、行動のほうがソーシャルキャピタルを10倍速く築ける。

悪い知らせを伝えるときは、それが終わりではないことを示すのが大事だ。勤務評定が「あなたは10段階評価で2と評価され、その評価に見合った報酬を受け取り、社内でもずっと評価が2の人として見られる」というメッセージで終わってしまえば、部下はがっかりし、何をしても無駄だと思ってしまう。部下と関わり合おうとするリーダーは、悪い知らせをそういう形では伝えない。「あなたは2と評価されたため、今年の報酬はそれに合わせたものになる。だが、将来、9や10と評価される可能性もあると、わたしは思っている。だから、どうすれば今年は2から9になれるかをすぐに伝えたい。さらに、1年後に話をするだけでなく、四半期ごとにあなたを呼んで進捗状況を確かめるよ」

違いがわかるだろうか。ネガティブな知らせを伝えて終わりにするのではなく、その次にどうすべきかも必ず伝えるべきだ。改善手段と進捗状況をどう確認するかを決め、具体的に説明する。成功にはあなたが責任を持って関わることが重要なのを忘れないでほしい。

あなた自身が相手の幸福と成長に関わるつもりであること、その実現をあなたが信じていること示すためだ。

コネチカット州ニューヘイブンで看護師として働いている友人のメアリーは、厳しい状況のなかでも患者と関わろうとしている。幼い患者の検診中、親のネグレクト（育児放棄）や適切な医療を受けさせて子供の健康を守る気がなかった疑いに気づくときもある。ときには、児童相談所（DCF）に親や養育者のことを通告しなければならないこともある。患者との関係を壊さないために匿名で通告することもできるし、同僚の多くは匿名でいることを選ぶが、メアリーはいつも名前を名乗る。それだけでなく、自分でその家族に悪い知らせを伝える。DCFに通告したこと、当局が家族を調査しに来ることを伝え、理由を説明する（状況を説明する）。さらに、この件が家族にとって苛立たしく、恥ずかしく、不都合であることもわかっていると言う（思いやりを示す）。しかし、重要なのはその先だ。

メアリーはその後も家族と関わり続ける。裁判所への移動手段を手配したり、次の診療の予約をとったり、別の専門家を呼んできちんとケアが行なわれているかどうかを確認したり、継続して家族の相談にのったりすることができるのを説明する。良い変化が見られたら、裁判所に行って家族に好意的な証言をすると約束する。メアリーはシモンズ警官と同様に苦情を受けたことがない。しかも、罰金１００ドルのチケットを手渡すのではなく、もっとも重大な問題になりかねない事態について悪い知らせ、つまり、親に問題があることを伝えている。だが、メアリーが関わり続けようとする姿勢のおかげで、このネガティブなストーリーは終わりではないことに家族は気づくのである。

医療現場ほど深刻ではないにしても、悪い知らせを伝えながら、自分が責任を持って関わり続ける気持ちを示す機会は他にもある。わたしの義理の父であるジョー・エイカー博士はベイラー大学の神経科学者で、熱心なアドバイザーでもある。最近、彼からある学生の話を聞いた。彼女は、友人と一緒に卒業式に出たいし、授業料をさらに払う余裕がないため、その年に卒業したいと考えていた。だが、エイカー博士の試験に落ち、同じ学科の別の単位も落としたため、卒業に必要な単位が2科目分足りなかった。エイカー博士は大学からの自動送信メールがそれを卒業式の1週間前に知らせるまで放っておかず、彼女に会って悪い知らせを伝えた。「あなたは今学期、卒業できない」

彼女は涙を流し、学費がもう払えないうえに、家族が卒業式に出席するためにこちらに来る予定になっていると言った。エイカー博士は彼女の立場に思いやりを示し、責任をもって支援し続けた。大学にかけあい、次の夏か秋の学期に2つ単位を取るまで正式な卒業証書は与えられないとしても、彼女が友人たちと一緒に卒業式に出られるようにした。さらに、学資援助室に相談して、残りの単位を取るまでの学費を借りられるようにした。彼女は失敗したが、失敗は、態度を改めて一生懸命努力すれば、それ以上のものにはならないのである。

　ソーシャルキャピタルをうまく築けば、周囲の人に責任を持って関わるつもりだという姿勢はすでに伝わっていると考えたくなるだろう。だが、そうは思わないほうがいい。状況を大きく変えるには、そうした姿勢を繰り返し示す必要があるのだ。ソーシャルキャピタルによって状況を有利にしてから悪い知らせを伝え、その後、責任を持って関わる姿勢を示せば、あなたが相手と一緒の状況に置かれているだけでなく、相手の味方でもあることを改めてはっきりさせられる。それは、その時点で何ができていて、前進するにはさらに何をすればいいかを検証する機会でもある。誰かの力になろうと改善のための行動をすでに始めているなら、それを伝えるといい。だが、本気で関わらなければならない。

　父親が娘のバスケットボールの試合を見に行けなかったとする。ソーシャルキャピタルの蓄えを使い、娘に思いやりを示して、次の2つの試合は見に行くと約束する。しかし、次の試合も行けずに約束を破ることになったら、使ったソーシャルキャピタルが無駄になるだけでなく、娘にも信用されなくなる。破産すると信用情報の記録が消えるまで7年かかるのと同じように、父親が娘からの信用を取り戻すには何週間も、あるいは何年もかかるかもしれない。

　これに関するユーモラスな例をCNNが報じている。あるアトランタ・ファルコンズのファンが2015年のシーズン初めに、ファルコンズの戦績が6勝10敗だった場合は自分の帽子を食べると宣言した。可能性はなくはなかったが、結局、ファルコンズは失速して6勝10敗に終わった。前言を撤回するか、約束通りに帽子を食べるかのどちらかになってしまったこのファンは、後者を選んだ。帽子を食べ、飲み込む様子をユーチューブで公開したのだ。そういうわけで、何に責任を持つかは注意して決めよう！

まとめ

ジョン・レノンは「最後にはみんなうまくいく。うまくいかないときは、まだ最後じゃない」という言葉を残した。難しい状況に陥ったとしても、それは必ずしもその先にもっと大変なことが起こる前触れとは限らない。悪い知らせをうまく伝えられると、多くの場合、それが新たな始まりになる。リストラの結果、社員が気持ちをひとつにするかもしれない。勤務評定が悪かったり、大きなミスを犯したりしても、それは成長や深い絆を築く機会になるかもしれない。お腹が出てきたからスポーツジムに行ったほうがいいと友人に助言するのは、その人の命を救うことになるかもしれない。

だが、もっとも重要なのは、ソーシャルキャピタルを築いたうえで、状況を説明し、思いやりを示し、責任を持って相手に関わり続ければ、将来、より大きなソーシャルキャピタルを得られるということだ。約束通りにバスケットボールの試合を見に行けば、家族はあなたにさらに大きな信頼を寄せる。シモンズ警官のように悪い知らせをうまく伝えられるようになれば、夕食に招待されることさえあるかもしれない。

まずは、やってみよう

あなたがこの方法を実践する機会が来なければいいと心から願おうとも、悪い知らせは起こるものなので、いつ、あなたも伝える立場に立たされるかもしれない。そのときは4つのCを使おう。具体的には、ペンと紙を用意して、あるいは信頼する友人と一緒に、状況における4つのCについてひとつずつ考えていく。状況を説明し、思いやりを示し、その問題をどうとらえるべきかについて計画を練ろう。自分が責任を持って関わると示すための具体的な行動を決めよう。もちろん、困難な時期にあっても、ソーシャルキャピタルを築く努力をしよう。今が順調なら、この方法はポケットにしまって、ソーシャルキャピタルを築くことに集中する。状況が変わったときに、そのソーシャルキャピタルが利益をもたらしてくれるだろう。

Part 3

ポジティブな拡散力を生み出す

どんなにポジティブなメッセージを発信しても、周りの人がそれを発信し拡散してくれなければ、届く範囲は限られてしまう。変革を起こすポジティブな情報発信者は、ネットワークを育み、活用して、ポジティブなアイデアや行動を広める。チームや会社、家族、地域から、ストレスと負の要素を取りのぞき、楽観的で行動的な文化を築くには、周囲を活性化することが欠かせない。このパートでは、いかにネットワーク内に楽観的な考え方を広め、自分の発信力を高めてポジティブなメッセージを拡散するか、つまり、ポジティブな情報発信者としての力を増幅させる方法を学ぶ。

ルール7

前向きな考え方を拡散する

その女性は「スパーケット」と呼ばれている。オハイオ州コロンバスのネーションワイド・インシュアランスのエレベーターで彼女に初めて会ったら、少し頭がおかしい人かと思うかもしれない。スパーケットは、ビジネススーツを着て、シニアリーダーらとの重要な会議で、研修や能力開発の戦略について話をしにいくところかもしれない。腕にはカエルを抱えているかもしれない。実は、カエルは本物ではなく、オレンジ色のぬいぐるみなのだが、それでも風変りなのは同じである。だが、カエルを抱えている理由を聞けば、なぜこの「おかしな」女性がフォーチュン100に選ばれた企業のいくつかの文化に変化をもたらすもっとも有力な人物の1人なのかがわかるだろう。

スパーケットというニックネームは、スパークを抱えてネーションワイド・インシュアランスの本社内を歩くことに由来する。スパークというのは、ビジネス寓話『オレンジ・フロッグ』に出てくるカエルだ。寓話のなかでスパークは、ポジティブな行動をすると自分の体が緑からオレンジ色に変わるのに気づく。池にいる他のカエルに対して楽観的になるほど、体がオレンジに輝く。池に問題が起こったとき、それを乗り越えるにはオレンジになるほうが有利であること、また、それは周囲に伝わることがわかった。

スパーケットは研修で学んだこの寓話をとても気に入った。だが、人事部やシニアリーダーらにメールを送って、ポジティブ心理学の研修で得たものは大きかった、と伝えるかわりに、社内を歩くとき、とくにエレベーター内では、スパークのぬいぐるみを抱える。

友人や他の従業員に、カエルを抱えている理由を尋ねられると、研修で学ぶポジティブ心理学が役立つ理由を説明する。エレベーターでカエルに目を引かれ、スパーケットからポジティブ心理学を強く勧められたシニアリーダーたちは、オフィスに戻ると、研修についてもっと詳しく教えてほしいと、スパーケットにメールを送る。その結果、オレンジ・フロッグの研修はネーションワイド・インシュアランスだけでなく、他社にも普及した。

噂が広まり、スパーケットが言いたかったことを知りたがる人が、どんどん増えていったからだ。ネーションワイド・インシュアランスは、USフーズ、T－モバイルなどとともにオレンジ・フロッグの研修を取り入れ、ポジティブなアイデアは広がりやすく、受け入れられやすいことを証明したフォーチュン100企業のひとつである。オレンジ・フロッグが広がったのはスパーケットのおかげでもある。ポジティブな話やアイデアがある場合、それを他の人に拡散してもらうにはどうすればいいだろうか。情報を発信することは重要だが、それを周囲の人々が広めてくれれば、影響力は増幅する。

情報が急速に拡散していくのは誰でも経験したことがあると思う。ＮＰＲ（アメリカの公共ラジオ）で、「江南スタイル」という滑稽で覚えやすい独特のダンスが入ったミュージック・ビデオがユーチューブの再生回数のカウンターを壊したという話が大きく取り上げられた。グーグルによれば、25億6０００万回を超えた段階で、カウンターが壊れたわけではなく、それ以上の数字をカウントするために16ビットから64ビットにカウンターを変える必要があったということだ。ユーチューブの創始者は当時、ひとつの動画の再生回数がそんな数字に迫るとさえ思わなかった。だが、ユーザーが10億人を超えた今は、動画ひとつがそうした影響力を持ってもおかしくはない。

わたしの夫の滑稽で痛快なＴＥＤトークは、もっともよく見られているＴＥＤの動画のひとつで、本書執筆の時点で再生回数は１０００万回を超えている。あと２００万回再生されたら、ユーチューブの「あくびをするかわいい子猫」と肩を並べられる、と夫は笑う。注意を引かれるものが他にもたくさんあるなかで、どうすれば自分の話を際立たせ、耳を傾けてもらえるだろうか。そして何よりも大事なのは、どうすればそれを拡散し続けてもらえるだろうか。

これは重要な問いである。なぜなら文化は、わたしたちが伝え続ける話で作られるからだ。例えば、アメリカの特質といえば、「ゴーイング・ウェスト」「移民の国」「ファウンディング・ファーザーズ（アメリカ合衆国建国の父）」の話によって形成されている。建国者の意思について頻繁に議論されるのは、それがわたしたちアメリカ人の社会的慣行や司法の決定を左右するものだからだ。局所レベルでも、個人レベルでも同じことが言える。家族とは、一緒に過ごした休暇、大きな変化、離婚などの経験の集合だ。同様に、個人は、運動競技の功績や職業上の経歴によって形成される。もっとよく知りたいと思うような相手に出会ったときは、その人のこれまでの物語を知りたくなる。

もっともつらい経験を話した相手とは絆が生まれる。だが、話をそこで止めてしまえば、自分自身と相手を騙し、築かれたはずのより深い、わたしたちを活気づけてくれるつながりが奪われることになる。苦労した話をするだけでなく、そういった難局をどう乗り越えたか、結果として人間的にどう成長したかという話もするべきだ。また、自分が感謝していること、仕事や人間関係に込められた意味、胸に抱いている希望や夢といったものがわかる話もするのが大事だ。

こういったポジティブでわたしたちを活気づけてくれる話によって、絆が築かれ、強化され、文化が前向きなものに変わり、幸福の水準が押し上げられる。ポジティブな文化はポジティブな行動を促し、幸福と成功を呼びこむ。そのためには、わたしたちが語るストーリーが伝わり、楽観的な考えが広まることが必要になる。

本章では、ストーリーとそれに関連した行動を広く伝えるために話題を選び、拡散するための6つのステップを説明する。わたしたちは、トップクラスの学術研究機関のいくつかによる調査研究を丹念に調べて得た方法を、クライアント企業で実践した。その結果、ネット上でも現実でも、話題を拡散させるための6つの重要な要素が明らかになった。

職場や家庭で発信する情報のポジティブな効果を増幅させるために、この6つの要素をいかに活用すればいいかを学ぼう。また、メッセージのシグナルを強化し、そのメッセージをポジティブな行動を促すために共有するよう力づけ、文化を幸福の方向に向かわせることによって、ポジティブな情報発信者としての潜在能力を解放し、ひとつの電波塔がネットワークの一部になる方法も学ぶ。

ステップ1　「31パーセント」を動かす

スパークケットを探すのもいい方法だが、話を本気で拡散させるには、とっておきの情報発信者に活躍してもらわなければならない。彼らはとても重要である。なぜなら、彼らが支持を表明する――ふだんはあまりしないことだが――と、みんなが耳を傾けるからだ。わたしが「隠れた31パーセント」と呼ぶこうした人々は、幸福を発信するためのもっとも大切な要素のひとつだ。

トレーニング誌と共同で行った研究では、職場で楽観的な姿勢と、ポジティブな考え方を同僚の前で表現することに関して調べた。さまざまな業界で働く660人超に次のような質問をした。「職場で楽観的あるいは悲観的な考えをどのくらい表に出しますか？」

回答者の31パーセントが、自分はポジティブな人間だが職場ではそれを表さない、と答えた。彼らは「隠れた情報発信者」である。あと1歩でポジティブな情報発信者になれる。すでにポジティブなので、あとは電波塔としてシグナルを発するだけでいい。あなたのメッセージを広めてくれたら、影響力は何倍にも増幅される。めったに意見を口にしない人が話を広め始めると、たいていの場合、周囲は耳を傾けるものだ。

消費財産業では、こうした人々が「熱烈な支持者」になる可能性があり、それがビジネス上とても有利になる。企業は、自社の製品やサービスを試してくれる、ファンになってくれる、友人に勧めてくれるなどの「熱烈な支持者」を少しでも獲得するためにどんな努力もする。ネット上で好意的な評価をしてくれる支持者は値千金だ。79パーセントの消費者がネットの口コミを直接、聞いた評価と同じくらい信頼して購入を決めるため、支持者が推薦してくれれば売り上げの伸びにつながる。[1] あなたの人生における支持者は、勇気づけられる情報や、元気を与えてくれる話、ポジティブな行動を広めてくれる人たちだ。隠れた情報発信者は隠れた支持者かもしれない。そして、ネガティブまたはニュートラルな状態だった企業や家族の文化をポジティブなものに変えるカギになるかもしれない。

ポジティブな情報発信者を育てるには、まず「31パーセント」の人々を見つけ、彼らを動かすことが重要だ。公式な調査から非公式な会話まで、彼らを見つける方法はいくつもある。周囲の人々と話をして、彼らの考え方と、支持または不支持の表明の仕方を知ろう。わたしが協力したマネジャーたちの多くは、もっとも悲観的な人を前向きにすることに注力するという罠に陥り、「31パーセント」の存在を忘れていた。中傷ばかりする人や、ネガティブな態度しか見せない人と争うよりも、身近にいる隠れた情報発信者を励まし、ポジティブな意思表示をしてもらうようにしよう。そうすれば、ネガティブあるいはニュートラルだった文化がポジティブなものに変わる。

ネガティブな人に支配をさせる必要はない。企業で講演をする際、「ポジティブな人とネガティブな人では、どちらが影響力が強いですか?」とよく訊かれる。闇は光よりも強いのだろうか。科学でこれに答えることはできるが、それはあなたが考えていることとは違うだろう。カリフォルニア大学リバーサイド校で行われた研究によれば、感情の拡散という観点では、みんなの気持ちを暗くするのは、その場にいるもっともネガティブな人ではなく、周囲に対してもっとも強く感情を表わす人だという。[2]残念なことに、感情をもっとも強く表す人は、たいてい不安がっていたり、苛立っていたりする。だからこそ、ポジティブな人に活躍してもらい、楽観的な考え方やポジティブな感情を表に出し、周囲の人々に拡散するのが重要になる。

2008年に、ある最高技術責任者(CTO)が「31パーセント」を見つけ、それがアメリカの次期大統領を当選させることにつながった。ハーパー・リードは不遜な男だ。赤毛で、髭を長く伸ばし、黒縁の眼鏡をかけている。ツイッターアカウントのプロフィールには「おれはイカしてる」とある。当時、上院議員だったバラク・オバマの大統領選の選挙活動でリードをCTOに据えるのは常識破りの人選だったが、オバマを当選させるという快挙につながった。比較的、無名なアウトサイダーを世界でもっとも権力ある地位に就かせたのだ。

リードが用いたのはマイクロターゲティングという手法だ。有権者の関心事と、その有権者がある争点や法案に影響される可能性とのつながりを追うのである。リードはそれによって得た情報をもとに支援者から個人情報を提供してもらい、別のビッグデータを引き出して、受信者が行動を起こしたくなるようなメッセージを支援者に送らせた。例えば、あなたがブルー・ステート（民主党支持が多い州）に住んでいて、スイング・ステート（特定の党への支持傾向が見られない州）に友人がいるとする。その場合、選挙陣営はあなたにメールを送り、友人にオバマ候補に投票するように頼んでほしいと言うのが通常のやり方だ。だが、リードと彼のチームは、あなたの友人が興味を持ちそうな争点を強調した文面を用意する。あなたはそれを手っ取り早く転送するか、あるいはそれをもとにメールを書けばいい。

この手法には大きな意味がある。つまり、オバマの支持者はどのみちオバマに票を入れる。だから、彼らの情報を得る価値はない。だが、この手法のおかげで、説得された人々が積極的にオバマを支持するようになったのだ。つまり、活動をしない、または意見を表明しない状態だった人々が、活動し得る状態に移行したのである。リードは、もっとも熱烈でポジティブな情報発信者を使って、その周囲にいた「31パーセント」を変えることに成功した。その結果は知っての通りだ。この手法があまりにも見事だったため、今では両党の陣営で採用されている。

隠れた31パーセントに関して大事なことがもうひとつある。あなた自身はポジティブな情報発信者なのに、周りの人々がポジティブではないとしても、がっかりする必要はないということだ。職場にいる人の31パーセントは、実はポジティブな人だ。ただ、今はそれを表していないにすぎない。彼らのうち、ほんのひと握りを動かすだけで、ポジティブなメッセージや行動をさらに広めやすい文化を作ることができる。

ステップ2　情報発信者の地位を高める

話題が広く拡散されると、発信者の地位は高くなる。誰もが密かに仲間になりたいと思う。「情報通」でいたいと思うのは自然なことだ。前述した通り、知的で知識があるほど、または社会的なつながりがあるとみなされるほど、ネットワーク内で重要視されるからだ。

よって、情報発信者が伝える情報は、考えや姿勢を反映していると同時に、周囲とのソーシャルキャピタルを築いたり、破壊したりもする。ネットワーク内の人々に良質で役立つ情報を伝えれば、仲間から高く評価されるだけでなく、彼ら自身がそれぞれのネットワーク内で地位を高めるのに必要とするものを分け与えることになる。

ネットワーク内の人々に気の利いたユニークなストーリーを提供し、彼らが「情報通」としての地位を高めるのに力を貸そう。そうすれば、彼らも自分のネットワークに情報を伝えて、大きなソーシャルキャピタルを持つエキスパートになる。

何よりすばらしいのは、メッセージを伝えた人々が、さらに別の人々にメッセージを伝えてエキスパートになるというサイクルが続くことだ。そのため、価値あるストーリーを潜在的な情報発信者に委ねれば、あなたも彼らも周囲から高く評価され、その結果、あなたの話がさらに広まるのである。カギは、あなたが動かした情報発信者が、周囲から一目置かれるような情報を盛り込むことだ。誰も聞いたことがないストーリーを探し出し、それを情報発信者と共有しよう。

ザッポスの教育プロジェクトのコンサルティングをしていたときのことだ。ある学校の理事は、教師が生徒たちに伝えられるように、毎週、スマートデータを用意していた。1日の始まりに世界について新しくポジティブなことを学べば、学習のための準備ができやすいと確信しているからだ（パワーリードを思い出そう）。

毎週、月曜の朝、理事から教師に、生徒へ伝えるためのポジティブなメッセージが送られる。写真つきのこともある。理事はいつも、教師がロックスターのように見えるような、気の利いたストーリーを探し出した。脳に関する面白い事実、インドの子供がグラフィティアートで地域をきれいにした話、スポーツや技能が驚くほど上達した10代の子供の話などだ。どれもポジティブな内容で、楽しく語られた。だが、このアイデアがすばらしいのは、こうした話を今度は生徒が親や養育者に伝えるよう奨励したことだ。実行したことを確認するため、親にはその話題をまとめた用紙にサインをさせた。

理事の戦略はさまざまな意味で秀でたものである。まず、朝一番に、生徒たちにポジティブな心構えをさせた。次に、生徒たちに、ポジティブな情報を伝え、プレゼンテーションのスキルを使って情報を発信する機会を与えた。さらに、生徒たちが「情報通」になり、夕飯の席で自分の話に静かに聞き入ってもらえるようになったことだ。ポジティブな話題として理事の目に留まったものが、最終的には学校じゅうへ、さらにコミュニティへと拡散していった。

ネット上でも現実でも、コンテンツの流れには3種類の人々が関わる。クリエイター、キュレーター、コンシューマーだ。ソーシャルメディア上でも、職場の休憩室でも、誰もがたいていその3つのどれかに分類される。わたしは自身は、著者として本書を執筆したり、他の記事を書いたり、調査研究を行ったりと、大半の時間をクリエイターとして過ごしている。また、短時間ながら、キュレーターとしてソーシャルメディアで共有する価値があると思われるコンテンツを集めている（わたしのフェイスブック facebook.com/michellegielan にアクセスして見てほしい）。また、朝はニュースサイト、夜はフェイスブックのフィードに目を通しているときはコンシューマーだ。

多くの人は大半の時間をコンシューマーとして過ごす。コンシューマーをキュレーターに変えるには（そして、発信者としてメッセージを広めてもらうには）、彼らが自分のネットワークで共有できるコンテンツを作ることだ。新鮮なスマートコンテンツは、もっとも遠くへ、もっとも速く広がる。

地位は、人間関係や、選択して関わる集団によって決まることもある。ＡＬＳアイス・バケツ・チャレンジを見ただろうか。これはバケツに入った氷水を頭からかぶる人を３人指名し、さらに自分もかぶるというもので、ＡＬＳ協会の募金集めを支援するのが目的で広まった。このアイデアがすぐれているのは、バケツに入った氷水をかぶるというイベントに参加した途端に、「内輪」の集まりの一部になれるというところだ。また、医学研究の資金集めのために進んで行動を起こした参加者を（濡れて寒そうではあったが）立派に見せる。この運動が広がったおかげで、参加者の地位は大きく上昇した。

さらに、発信されたビデオはひとつではなく何万にもなる。参加者から公に指名された３人は、24時間以内に氷水をかぶるか、ＡＬＳ協会に１００ドルを寄付しなければならなかった。多くの参加者は両方を行った。NBAクリーブランド・キャバリアーズのスター選手レブロン・ジェームズも早い時期にこの活動に参加した。レブロンは自分の息子2人に加え、オバマ大統領まで指名した。他の有名人も参加し、アイス・バケツ・チャレンジは1億1500万ドルを超える募金を集めた。[3] 参加者を「内輪」の仲間にすることで、ポジティブな行動を広めることができるのだ。

気の利いた、または有用な情報を提供して相手の地位を向上させれば、影響力のあるキュレーター、またはマルコム・グラッドウェルの言葉を借りれば目利き《メイヴン》としてのその人の発信力が強化される。メイヴンの話は誰もが聞きたがるので、それによってあなた自身のネットワークが効果的に深まり、強められる。よって、メッセージを共有する人のイメージが良くなるようにすることが、拡散のための最善の方法のひとつになる。

ステップ3　高揚した気持ちを伝える

本書の目的がポジティブな話を伝えることだというのはすでにわかっているだろう。だが、ポジティブな話が必ずしも拡散するわけではないのは明らかだし、ネガティブな話ばかりが広がるように見えることも多い。それは当然とも言える。関心を引くために、ネガティブな話で衝撃を与えるのは常套手段だからだ。もっともセンセーショナルな情報を伝え、相手の脳を厳戒態勢にして注目させるのだ。

すでに学んだ通り、神経科学と社会心理学の見地から、これは間違ったやり方である。伝える話の選び方も同様だ。話とそれに関連した行動を拡散させたいなら、単にポジティブなだけではないものを選んで伝えよう。

ポジティブな情報よりネガティブなもののほうが伝わりやすい傾向があるというのが世間一般の通念かもしれないが、実はその反対であることが科学によって証明されつつある。ある研究によれば、コンテンツがポジティブであるほど拡散する傾向があり、もっとも多く共有された話題はポジティブかつ気分を高揚させるものだという。[4]

ウォートン・ビジネススクール教授のジョーナ・バーガーと、ペンシルベニア大学のキャサリン・ミルクマンは、コンピュータのプログラムを使って、3カ月超の期間にニューヨーク・タイムズ紙に掲載された7000本の記事を調べ、同紙のウェブサイトの「もっともメールされた」リストに登場する記事にどんな特徴があるかを抽出した。記事の位置、著者の性別や人気、記事の長さや複雑さなどの変数を調整した結果、感情を喚起する記事はそうでないものより多くシェアされることがわかった。

さらに、読み手を励まし、ポジティブな感情を活性化させる記事は、他のどんな記事よりも拡散されることが明らかになった。もっともシェアされた話題は、幸福、喜び、畏敬といった、ポジティブな気持ちを強く感じさせるものだった。心理学的には、ポジティブな感情が覚醒されたとか、「感情が喚起された」と表現される。脳の感情中枢が活性化されて神経が覚醒するため、話を自分のネットワークにも伝えるなどの行動を起こしたい気分になるのだ。ポジティブな話とネガティブな話のどちらにも同程度、覚醒した場合、覚醒の程度が高くても、低くても、ポジティブな話のほうが広く伝わる。

つまり、話を拡散させたいなら、気分が高揚したり、ポジティブになったりするようなものを選ぶべきだということだ。それは文字通り、大きな変化をもたらすものだ。わたしたちの日常においてもそれは同様だ。例えば、医療関連サービス会社のある会議で、主催者が感動的なビデオを見せたとき、登場した医師らの献身的な姿に、会場の人々が目を潤ませた。欠員を埋めたり、緊急手術をしたりするために全米を飛び回る3人の医師の話だった。医師らが間に合ったことを、患者の家族が涙ながらに感謝する。医師らのスケジュールと移動の調整を担当する事務方のスタッフは、夜遅くまで自分たちが行っている仕事の影響の大きさを見て泣いた。

その後の対話集会では、事務方のスタッフの1人が立ち上がって言った。「次に電話に出るときは、今ビデオで見た医師らのことや、わたしたちの仕事の価値を考えるようにします」。手順の決まった、医療には無関係のように思える仕事が、人命を大きく左右していることに気づいたのだ。彼らはそのビデオの話を大変な勢いで家族や友人に伝え始めた。その結果、話は手術室や診療所だけでなく、他の人々にも広がっていった。

もうひとつのすばらしい例では、インターネットでポジティブなビデオが予想外に拡散された。実は、それを始めたのは専門家の集団である。テクノロジー大手のアドビシステムズが、ある製品の新しいバージョンをリリースするところだった。技術チームは、締め切りに間に合わなくなりそうなことなど、大きな問題に直面する様子を撮影することにした。ビデオでは、ヒーローらしからぬ人々が期限ぎりぎりにプロジェクトを完成させた話が、ハリウッド風に語られている。

最初は仲間内で観るつもりだったが、誰かが同社のフェイスブックに投稿して他の社員が簡単に観られるようにしようと提案した。それは感動的な物語だったので、長すぎはしたが、すぐに社外にもシェアされるようになった。フェイスブックの「いいね！」の数は急速に伸び、バングラデシュから台湾にいたるまでの技術者たちがチームを称賛した。ビデオを作ったスタッフは、このビデオが拡散されて、同社のイメージにポジティブな影響を及ぼすとは想像さえしていなかったのだ。

ポジティブで感動的な話を発信するのは、ネガティブな話を無視することではない。ポジティブで建設的に表現されるなら、ネガティブな話も頻繁に伝えてかまわない。ペンシルベニア大学の研究によれば、ある話をネガティブ（人が負傷した）からポジティブ（負傷した人が回復に向けて努力している）にとらえ直して語ったところ、ポジティブなほうが評判が良かったという。[5]

情報のとらえ方は、それがいかに処理されるかに影響する。その話が広がるか、行動を呼び起こすかどうかも変わる。例えば、あるインディアナ州の小学校の校長は、生徒がぼろぼろの靴を履いているというネガティブな現状を話したとき、地域にその状況を変える力があることを示す伝え方をした。教師たちが生徒たちの靴をテープで貼ったり、ホチキスで留めたりして元通りにしたことを話し、その学区では多くの家庭が新しい靴を買う余裕がないので、生徒1人ひとりに新しい靴を買うための寄付金を集めたいと言ったのだ。

その話は小さな町じゅうに広がり、3日のうちに目標額を超える寄付金が集まった。ネガティブな話（靴が買えない）だったにも関わらず、人々と感情のつながりを築くような伝え方（誰にも、とくに子供には、穴の開いていない靴が与えられるべき）をしたことによって、ポジティブな行動（子供たちの靴を買えるよう寄付をする）を促したのである。クリスマスの直前に、学校は全校生徒に新しい靴だけでなく、靴下とスノーブーツまで買い与えることができた。この話はその地域でずっと語り続けられたら成功と言えるだろう。だが、わたしがこうやって、この話を読者のみなさんに伝えていること自体が、話を拡散する重要性を示している。

ステップ4　実用的にする

フェイスブックである見出しをクリックした。衝撃的、あり得ない、暴露という言葉が見出しに入っていれば、重大なことに違いないと思う。ところが残念なことに、他の２１３８万７４８９人と同じようにわたしも騙されたのだった。

ビジネスインサイダーに発表されたデータによれば、２０１４年にソーシャルメディアでもっとも閲覧された記事は一部で「クリックベイト（釣り見出し）」と呼ばれるものだ。[6] 前述の研究にあったニューヨーク・タイムズ紙の「もっともメールされた」記事が上位にランクインしたのは質の良い内容のおかげでもあったが、それとは異なり、ソーシャルメディアでもっとも閲覧される記事は、たいてい出所が信頼できないものだ。２０１４年の上位を「あなたはどのアメリカ大統領のタイプか」とか、同じぐらい中身の薄い「あなたはどの犬のタイプか」、そしてついには「あなたが本当に属している州はどこか」といった診断テストに奪われるのも頷ける。

話を拡散させるには必ずしも実用的なものにする必要はないが、影響力のある話題を拡散させたいなら、実用的な内容にするべきだろう。

報道ビジネスでは実用的な話題を「役立つ記事」と呼び、車の衝突や無差別な暴力などと区別している。こういった記事は、わたしたちが職場や家庭でより良い選択をするために必要な情報を与えてくれる。解決策に焦点を当て、行動に変化をもたらすような記事なら、さらに多くの人に拡散される。たとえば、グルテンが人間の気分に及ぼす影響に関する研究の話を、他者と共有しようとは思わないかもしれない。だが、３日間グルテンを摂取せずにいたら以前より幸せな気分になり、元気になったとしたら、そのきっかけになった記事を他者にも広める可能性は大きくなる。共有は行動によって起こるのだ。最高のデータや情報を伝えても、それをどう活用するかを説明しなければ、話は広まらない。

もっとも実用的な話題は多くの場合、「ブロードキャスト」ではなく「ナローキャスト（対象を絞った伝達）」されている。話題を広める人はたいてい、それが誰にとってもっとも役立つかを考える。ネットワーク上の主要な対象者に向けマイクロターゲティングをすれば、適切な話題を、情報を役立てられるような適切な相手に届けることに時間とリソースを注げる。

例えば、わたしは妊娠中に健康的な妊娠生活を送る方法に関する記事を大量に読み、それを同じように子供のいる友人（うち５人は妊娠中だった）によく「ナローキャスト」したものだ。妊婦が夜中に経験する空腹感に関する記事をツイッターで投稿するのは気まずい。だから、ポジティブなブロードキャストをしようとするときは、マイクロターゲティングを活用してポジティブな効果を最大限に生み出す方法を考えよう。また、対象者がそれぞれのネットワーク上の人々に対してマイクロターゲティングをさせる方法も考えるべきだ。

わたしの小学校１年生の姪の教師は、フェイスブックを使って授業の要点を親にナローキャストする。非公開グループを作って親だけを招待し、１週間の生徒の様子がわかる写真を投稿する。例えば、子供たちが理科の実験をする場面などだ。教育の意義がよく伝わるだけでなく、家に帰った子供に親が具体的な質問をする材料にもなる。また、1年生を育てたことが1度でもある人ならおそらく知っているだろうが、具体的な活動について質問するほうが、「今日はどうだった?」と聞くよりずっといい。「楽しかった」とお決まりの返事以上の答えが返ってくるだろう。教師がナローキャストした写真は子供との会話を始める材料として役立ち、子供が授業中の出来事を生き生きと語りだすきっかけになる。

わたしが本書で意図したのと同じように、あなたが伝える情報も、実用的なものを選ぶことを勧める。その情報で何ができるかを示して知らせよう。ポジティブな情報はいい。ポジティブで有用な情報はさらにいい。ポジティブで有用なうえに、他者が広めてくれる情報はもっともいい。気の利いた実用的なコンテンツを手軽に共有できる形で与え、周囲の人々が自分たちのネットワークでエキスパートになれるようにしよう。

ステップ5　行動に移しやすい環境を作る

夫のショーンは今でもときどき運動用の格好をして寝る。ショーンは著書『幸福優位7つの法則』(徳間書店)で、大学院時代は朝一番にジムに行けるよう、運動用の服を着て寝ていたと述べている。年月がたち、これに関する冗談も変わった。この一風変わった習慣の話をするのは、ショーンが自著で紹介した法則のひとつである20秒ルールを実践した例だからだ。

20秒ルールとは、新しく習慣化しようとするポジティブな行為を始めるまでのエネルギーを少なくするため、それを始めるのにかかる時間を20から30秒短くするというものだ。ネガティブな行為は、始めるのに少し手間がかかるようにすれば、おそらく実行する機会が減るだろう。例えば、ポテトチップを棚の奥の、手が届きにくいところに隠せば、より健康的な食生活が送れる環境になる。果物の入ったボウルをキッチンカウンターに置けば、より手軽に体に良いものを食べられるようになる。同じように、情報を周囲の人々が彼ら自身のネットワークに伝えやすくすれば、あなたの話が拡散しやくなる。

つまり、ポジティブな話を共有しやすい形にすることが重要なのだ。関心を引きつける見出しを用意し、語ったり、転送したりしやすい形式に話を整えよう。情報を伝達するのにかかるエネルギーが少なくて済むようにするのである。わたしたちの職場では、インフォグラフィックという、情報を簡潔に視覚的に表現したものが好まれて使われる。それを使うと誰もがエキスパートになれて、情報が簡単に共有できるからだ。マーケティングツールとして、インフォグラフィックをインターネットで公開している企業もある。

インフォグラフィックや短い電子書籍によって提供されたスマートデータはネットワークでシェアするのに最適だ。「忘れるべき2015年のSEOの神話」とか「ミーティングを盛り上げる方法」といった電子書籍では、簡単に実践できる具体的な情報が学べる。こういった情報を会社、チーム、家族向けに仕立て直せば、受け取った相手が関心を持つだけでなく、人に伝えたいと思うようなニュース、成功談、最良事例を配信できる。

妊娠中の女性に、胎児のためにビタミンをとるのがいいと伝えるのは良いことだ。何時間もインターネットで調べる気力がない女性には、具体的にどのメーカーの製品がおすすめで、どの程度の分量を摂取するのがいいかを伝えれば、その女性が行動を起こして変化を遂げるまでに必要なエネルギーが少なくて済む。共有は行動によって起こることを覚えておいてほしい（これはポジティブな情報発信者のマントラにすべきものだ）。行動させれば、情報が共有される。情報を受け取る相手のことを知ろう。情報をいかに取り込むべきかを段階的に示そう。相手が行動を起こすのに必要なエネルギーを少なくしよう。実用的な情報を選んで、広く伝えよう。

フロリダ州にあるマーケティング会社で働くローズは、チームのメンバーがすぐに同僚やクライアントに「ナローキャスト」できるように情報を整えるのが上手である。南部地域のマーケティングチームのマネジャーとして、コンサルタントから成功の秘訣や最近の興味深い体験談などを聞き出す。それを図を使って1ページにまとめ、全国のセールス担当者に広める。そのレポートには、担当者がより良い仕事をする、つまり売り上げなどの成果を高めるためのスマートデータが載っている。

最新の「顧客を夢中にさせる5つの方法」では、直近の四半期でセールス担当者が顧客をうならせた事例のベスト5が簡潔にまとめられた。こうしたユニークで刺激的なアイデアやポジティブな行動は、面白い読み物になっただけではなく、セールス担当者が学んで試すことができる戦略として拡散された。加えて、掲載されたデータは顧客と共有するのにもうってつけだった（少し手を加えれば「暮らしをもっと良くするための5つの製品アイデア」にもなる）。そのため、セールス担当者は顧客にそれらを転送し、自分たちの会社がさらなる価値を提供できるのを示すこともある。

ステップ6　メッセージを活用する

効果的でポジティブな話は毎日生まれるものではないので、見つけたときは徹底的に利用しよう。1度や2度、伝えただけでは、ポジティブな行動を誘発し、維持する力がどれだけあるかに気づくことはできないだろう。メッセージは繰り返すのが大事であり、さらに言えば、実際に活用してほかの人々を巻き込めば最大限に生かせる。

その実例をメキシコのサンルーカス岬で行われたカンファレンスで、目にしたことがある（こういう講演依頼は最高だ）。ビーチに滞在するときは、携帯電話の電源を切り、インターネットやテレビから離れ、目の前の楽しみに没頭するよう勧められるものだが、このカンファレンスを主催したインセンティブ・リサーチ財団のリン・ランドルとメリッサ・ヴァン・ダイクは別の手法を取り入れた。携帯電話にその週末のために作られた特製のアプリを入れて持ち歩くよう人々に勧めたのだ。

ランドルとヴァン・ダイクは幸福を広く発信することに関する研究をよく知っていた。そこで、参加者がメキシコで過ごす時間を有意義で思い出深いものにするために、考え方を少し変えるだけでなく、行動も積極的に変化させることにした。参加者はアプリを使って「幸せのゲーム」に参加する。ゲームでは、リゾートでの「幸せな場所」の写真や、3つの感謝することのリストを投稿したり、楽しい休暇のひとときについてツイートしたり、他の出席者やスポンサーを称えるメッセージを送ったりするとポイントが得られる。

ポイント獲得上位者を表示するボードも用意され、熾烈な争いが繰り広げられた。ITマニアのわたしは、このゲームに86パーセント、つまり400人近くが参加したと知って驚いた。各ユーザーが週末の間にそのアプリを使用した時間は、平均1時間超だった。他にも楽しいことがたくさんあったのを考えると、この数字は注目に値する。だがさらに興味深いのは、ゲームに参加した人のほうが、しなかった人よりも、最終的にすべての滞在期間を通してよりポジティブな報告をし、イベントの全42の項目で高い評点をつけたことだ。主催者はこのゲームに人々を参加させることで、彼らの週末の体験に劇的な変化をもたらしたのである。

もうひとつの例を紹介しよう。組織を代表して「感謝している」と公言するのはいいことだ。職場に「感謝の掲示板」を作り、感謝のメッセージを従業員が掲示できるようにし、それを活用するのはさらにいい。さまざまなやり方で感謝の気持ちを活用し、ポジティブな行動とその強化のサイクルを作ることができればもっともいい。

次のような例がある。

●従業員に感謝のメッセージを掲示板に貼り出してもらう。
●感謝の気持ちを書いた紙を持たせて写真を撮る。それをソーシャルメディアに投稿するよう勧める。
●朝の会議で、参加者の誰かに感謝の気持ちを話させる。
●会議で「称賛」が込められた感謝の気持ちを示す。
●デザインチームの有志に、感謝の気持ちに焦点を当てたインフォグラフィックを組織のロゴ入りで作らせ、社内で共有する。
●掲示板に貼られた感謝のメッセージを毎日ひとつツイッターに投稿して、より広いネットワークに伝える。
●感謝の掲示板を作る様子と、それが組織に与えた影響を撮影してシェアする。
●自分の名前と貢献の内容が掲示板に載っているのを見つけたときの従業員の反応をマー

ケティング担当者が録画する。それを合わせてひとつの短いビデオを作り、シェアする。

- 感謝の気持ちの掲示板の話を社内報で大々的に取り上げる。
- 毎月、掲示板を刷新し、「わたしの同僚」や「わたしたちが一緒に改善したこと」といった新しいテーマを設ける。

　このように活用すると、感謝の気持ちの掲示板が、楽しい行為から文化を変えるアイデアになる。ネブラスカ州のある判事は、同僚らが気難しく、関係が希薄だと感じていた。そこで、わたしの講演を聞いた後、感謝の気持ちを表す掲示板を密かにオフィスに設置し、マーカーや付箋を置いた。その後、同僚らは掲示板の前に立ってコーヒーを飲みながら、掲示された感謝のメッセージについて話すようになった。その結果、社会的なつながり、つまり幸福のもっとも重大な予測要因が[7]、これまでにないほど強くなった。判事は掲示板の前に立つ人々の写真をこっそり撮って、次の日に「今日わたしの周りにあるすべての絆に感謝します」と書いたメモと一緒に掲示板に貼りだした。感謝の気持ちの掲示板の話は他の庁舎にも広がり、新たに3つの部署で同じような掲示板が作られた。

　わたしが、あるカンファレンスで1万人以上のセールス担当者を前に講演をしたとき、主催者は、感謝の気持ちを貼り出すための掲示板と、#iamgratefulというツイッターのハッシュタグが掲載されたカードを作った。掲示板は、3日間のイベントが始まってたったの2時間後にいっぱいになってしまった。多くの人がカードを書いたために、主催者は大きな掲示板を5つ追加しなければならなかった。最後に、そうした感謝のメッセージはハッシュタグ付きでソーシャルメディアに公開され、参加できなかった人のために、司会者が掲示板の前に立っていくつかのツイートをライブ配信で読み上げた。後のニュースレターでも感謝の気持ちの話は大きく取り上げられ、半年後に開催された別のカンファレンスでは、司会者が参加者の前でいくつかを読み上げ、そのイベントを振り返った。

学校、カンファレンス、教会、パーティなどで、さまざまな人が感謝の気持ちの掲示板を設置して、ポジティブな行動を一緒に起こそうとしている。そうした試みはたいがいうまくいき、人々が自分の体験を語るときに話題になる。それが繰り返し語られ、やがて文化の一部になる。拡散した話は繰り返し語られるうちに、記憶に定着するからだ。

まとめ

話を拡散させる目的は、ポジティブな話をポジティブな行動に変えることだ。そうすることで、楽観的な考え方が広がり、ポジティブな文化が形成される。

アメリカ南部のある病院グループで、あるものが人から人へと伝染していった。通常はそうした伝染が起これば防護服を着たチームが出動するものだが、この件に関しては病院の管理者やスタッフが無防備なままでいたばかりか、伝染の拡大に手を貸した。その結果、院内の文化にあっという間にポジティブな変化がもたらされ、患者の紹介、職場の満足度、に純利益などが大きく伸びた。

オクスナー・ヘルスシステムには強い楽観主義が広まったのだ。とは言っても、一晩のうちにというわけではない。新しい物語が意識的に語られ、物語通りの行動が起こり、行動を通して文化が変わったのだ。新しい文化が定着し始めた頃には、楽観主義の拡散と、それによるポジティブな影響は誰にも止められなくなっていた。

オクスナー・ヘルスシステムは多くの病院と同じ問題に直面していた。病院が居心地の良い、癒しと健康の場と見られるのは難しく、たいていは病気や死を思い起こさせる。だが、オクスナー・ヘルスシステムは、それを変えたかった。健康の回復で知られるだけでなく、５つ星の前向きな環境で人々を治療したいと考えた。その思いが、ザ・リッツ・カールトン・ホテル・カンパニーに着想を得ることにつながった。その結果、リッツ・カールトン系列のホテルを傑出させた方針のひとつが採用された。それはスタッフによる心配りだ。リッツ・カールトンでは、ロビーに入ったときや、客室に向かうときにとくに心配りが感じられる。スタッフは宿泊客に会うと、何をしていてもそれを中断し、客の目を見て笑顔で挨拶をする。そのおかげで、客は心からもてなされたことを感じる。

同じような環境を作りたいと考えたオクスナー・ヘルスシステムは、心配りを示すための簡単なアイデアを導入した。1万1000人の職員を訓練し、同病院が、働く職員にとっても、入院する患者にとっても、心地の良い、明るい場所だという話を拡散させた。そのために、職員全員に次の2つを実践させた。廊下で誰かと10フィート（約3メートル）以内に近づいたら目を合わせて微笑む。5フィート（約1・5メートル）以内に近づいたら笑顔で声を出して挨拶する。彼らはこれを「10／5ルール」と呼んだ。

この小さな行動によって、物語が変わった。スタッフにとっても、患者にとっても、オクスナー・ヘルスシステムは病気のための場所から健康に向かうための場所になったのだ。結果として、楽観主義が広まる文化が形成された。職場の満足度だけでなく、患者満足度も改善された。医療サービスに対する患者満足度は、収益性のもっとも重要な予測要因であり、オクスナー・ヘルスシステムでも収益が伸びた。2012年の収益は18億4000万ドルと報告されている。

本章の最後に、この伝染する楽観主義の話を紹介して、文化の変化を広く伝えることのすばらしさを指摘したい。一度、習得すれば、意識せずにできるようになる。オクスナー・ヘルスシステムを訪れた患者は意識して10／5ルールを身につけたわけではない。病院内で行われるやりとりから、無意識にそのルールを取り込んでいた。そして、自分に向けられた笑顔や挨拶に応えるだけでなく、自分自身にも笑顔を向けるようになったのだ。

本書で紹介した研究結果や、あなたが伝えようと決めた情報によって、ポジティブになるという選択がより容易に、無意識にできることを社会のために望む。そうなって初めて、変化が形となって表れるだけでなく、定着するからだ。

まずは、やってみよう

拡散した話題は、継続して語ることで定着する。ポジティブな話題が拡散すれば、ポジティブな行動が起こり、その結果、楽観主義が広がるポジティブな文化が生まれる。会社や家庭で拡散させたい話題をひとつか2つ使って実験しよう。その際、行動計画のなかに、話題を拡散させるための要素をできる限り盛り込もう。それらの要素を活用して、コミュニティの人々が話題を広めることでその話題の一部となれるような計画にしよう。話題がどれだけ広まったか、いかに人々の考え方や行動が変わったか、そして、願わくは、ポジティブで楽観的な文化が生まれたり、強化されたりするのを確認しよう。

おわりに

それはこのうえないひとときだった。作家で詩人の故マヤ・アンジェロウ博士が、ニューヨークの5番街にあるCBSのスタジオに来てくれた。アメリカで初めて黒人の大統領が誕生した翌朝のことだった。わたしは、アンジェロウ博士がアメリカの歴史におけるこのすばらしい出来事について語るのをコントロールルームから見ていた。

番組内で行われたインタビューで、もっとも胸に迫ったのは最後の部分だった。司会のハリー・スミスが、博士のもっとも有名な詩のひとつ「それでも私は立ち上がる」を朗読してほしいとリクエストした。博士の朗読は本当にすばらしいものだった。

どうぞお書きなさい私のことを　歴史の中に
あなたの意地悪なねじくれた嘘で固めて
どうぞ私を踏みつけなさい　泥の中で
でもそれでも　塵のように　私は立ち上がる

歴史の恥部の小屋から
私は立ち上がる
痛みの中に根付いた過去から
私は立ち上がる
私は黒い海　飛沫をあげている広い海
沸き上がり膨れながら　私は潮の中で子供を孕む

恐怖と恐れの夜を置き去りにして
私は立ち上がる
素晴らしく澄んだ夜明けの中へと
私は立ち上がる
私の先祖がくれた贈り物を持って
私はその夢そして奴隷の希望[1]

（『現代アメリカ黒人女性詩集』土曜美術社出版販売、水崎野里子訳より該当部分抜粋）

アンジェロウ博士は少し間を置いて、穏やかに微笑みながらこう締めくくった。
「そして……わたしたちはみんな立ち上がる」

博士が豊かで深みのある美しい声で詩を朗読する間、ディレクターのマイク・マンチーニは、画面いっぱいに選挙結果を祝う人々の感動的なシーンを差し込んだ。詩に命が吹き込まれた。その詩は、黒人の大統領就任を祝うためのものではなく、何年も前に発表された夢と奴隷の希望を描いたものだった。その瞬間、わたしは気づいた。どちらも同じひとつの夢だったのだと。人間性の美しさを広く伝えた見事な例だった。政治も、オバマ大統領も、肌の色も関係ない。大事なのは世界が愛にあふれていることを信じる姿勢だ。その朝、CBSニュースは幸福を広く伝えた。

ポジティブな変化は誰かが声を上げ、新しい現実を広く伝えることから始まる。ローザ・パークスからマハトマ・ガンジー、ビル・ゲイツとメリンダ・ゲイツからオプラ・ウィンフリーまで、ポジティブなロールモデルたちは、より良い世界を描いてみせた。それは愛にもっと近づく世界だ。あなたもポジティブな気持ちを伝えることで、彼らの仲間入りができる。一般には、改善すべき悪い点をすべて特定してこそ、改革は成功すると考えられている。だが、変革を促し、持続していくためのより効果的な方法があることがわかっているのだ。そのための手法を本書で紹介した。

わたしたちの周囲、コミュニティ、学校、職場、家庭ですでにうまくいっている例を見つけて伝えるほうが、世界をより良いものに変える力になる。難題を克服した人の話を伝えれば、わたしたち自身が同様の問題に直面したときにどうすればいいかを考える助けとなる。国全体で、あるいは個人の間で、前向きで活発な議論を続ければ、ポジティブな行動が促され、夢の実現につながる。ロサンゼルス警察のシモンズや、ネーションワイド・インシュアランスのスパーケットのような人々の話や、サニーサイド高校のようなストーリーを伝えれば、成功が可能であることを示し、その方法を伝えられる。もっとも影響力のある人々は、気持ちを高揚させてくれるメッセージを伝達するのである。

ネガティブな面に執着するのをやめなければならない。無視をするべきだと言っているのではない。でも、執着すれば、思考や幸福や可能性に悪い影響がある。脳が周囲の情報を処理する方法や、結果は自分の行動次第と考えるかどうかが変わってしまうからだ。国際的なニュースでも、国内または地域、あるいは個人的なものであっても、直接会って伝えるにしても、オンライン上で伝えるにしても、ポジティブな面を強調し、解決志向の、勇気を与えられるような話を伝えるほうが多くの人にとって有益になる。現代社会でわたしたちを支配している病巣を取り除く力になる。何を伝えるかが重要なのだ。

ポジティブな姿勢を選択をした人は、他者にもそうした考え方を伝えることができる。わたしたちは、他者の見方に大きな影響を及ぼしている。例えば、フェイスブックで何を伝えるかを変えるだけで、他の人々が世界に発信する内容を変えられる。コーネル大学の研究者がフェイスブックと共同で行った研究によれば、ニュースフィードにポジティブな投稿がより多く表示されるようにしたところ、ユーザーの投稿もポジティブな内容のものが増えた。[2] ネガティブな投稿の場合も同じ結果だった。これは68万9000人を超えるユーザーを対象にした、感情の拡散の影響を示す初めての大規模な研究だった。

あなたが何を伝えるかによって、周囲の人々が伝えるものも変わるということだ。あなたが作り出す拡散力がポジティブなものか、ネガティブなものかは、あなたの選択次第だ。

わたしたちには大衆に同調したいという性質がある。他の人々の行動を見て、同じことをしたくなる。これは社会心理学では社会的証明と呼ばれる。他の人々の行動が正しいと推定し、それに倣う現象だ。他の人々がやっているのでその行動が正しい、と考えるのである。[3] オンラインショップで他者の好意的なレビューを見て商品を購入したのであれば、社会的証明に納得したということだ。研究によれば、こういったレビューは、製造者による説明の12倍、信頼できるととらえられている。[4]

社会的証明をもたらすのは、有名人、ブロガー、知り合いの信頼できる人々だ。バラエティー番組の収録時に、わたしは興味深い例を見た。プロデューサーが観客の横にスタッフを立たせ、どんな冗談でも大声で笑わせた。最初のうちはその声に驚いたが、いつの間にかわたしも大きな声で笑うようになっていた。観客、そして家で見ている視聴者に、番組が面白いという社会的証明が与えられたのだ（どうやらそうした証明が必要らしい）。

他者の行動や考えに倣うほうが、逸脱するよりは自然な感じがするし、気持ちに負担がからない。他者に従う理由には、効率良く決断をくだしたい、他者のようになりたい、他者から認められたいなどがある。

幸福を発信して、それが伝われば、伝わった話が社会的証明になる。同じことをコミュニティの人々にもやってもらうように動機づけをすれば、難題に直面したときはポジティブな面に着目し、強い姿勢を持ち続けることが「この辺りでのやり方」なのだという社会的証明になる。本書を通して見てきたように、楽観的で力強い姿勢を持ち続けることは有益だ。健康面、教育面、良い結果を出すための刺激になるし、幸福にもつながる。

しかし、そのメッセージは人の耳に届いてこそ役に立つのだ。

＊＊＊

それはこれまで見たなかで一番大きな滑走路だった。テキサス州にあるフォートブリス陸軍基地の上空を、わたしは1人で小さな飛行機を操縦していた。

年に1度開催されるフォートブリスのアミーゴ・エアショーに向かうところだった。小さな飛行機を広大な滑走路に着陸させればいいだけのことだ。簡単なはずだし、緊張する必要もない。ところが、それはとんでもない間違いだった。管制塔がパイロットと交信をするときは特殊な用語を使うのだが、わたしはまだそれを学んでいる最中だった。そのうえ、壊れたヘッドセットから聞こえる音量は小さかった。そこで、当然のことが起こった。

上空待機、つまり空港の上空を旋回した後、管制官がもう1度、回るように言ったと思ったので、わたしはその通りにした。その後、管制官が着陸の指示を出したが、わたしは「すみません、もう1回言ってください」と繰り返すばかり。

管制官が5回目になって専門用語を使うのをやめ、「さっさと着陸しなさい！」と叫んだときに、ようやくその指示がわかった。わたしはどうにか「ラジャー」と答え、急いで高度を下げて滑走路に降りた。

ターミナルまで走って止まったところで、管制官が急いだ理由がわかった。わたしの着陸後60秒もたたないうちに、ジャンボジェット機が着陸したのだ。NASAのスペースシャトルを空輸するときに使われた大きさの航空機だった。冗談で言っているのではない。

場合によっては、メッセージを迅速に伝えたいときもある。管制官がはっきりとした言葉で指示を出したのと同じように、幸福を伝えるメッセージを理解してもらうには、わかりやすくするといい。メッセージが届かなかったり、理解してもらえなかったりすれば、ポジティブな効果も得られないし、ソーシャルスクリプトも変えられなくなってしまう。

幸福を広く伝えるときは計画的に行おう。

ネガティブで噂話だらけの会話には関わらないようにしよう。

問題そのものよりも、それを解決するために何ができるかに目を向けよう。

誰かが文句を言いにきたら、一緒にファクトチェックをして、会話の方向を変えるための質問をしよう。

パワーリードで会話をポジティブにしよう。

自分の子供に、楽観的な説明の仕方を教えよう。

さまざまな活動を通して絆を深め、継続して周囲の人々とソーシャルキャピタルを築くようにしよう。くだらないものしか放送されていないときは、ラジオやテレビを消そう。あなたにとって質の良いニュースとは何か、そういうニュースはどこで知るのが最善かを改めて考えよう。耳にする話も、人に伝える話も注意深く選ぼう。自分の意図と周囲との関わりが明確であるほど、幸福優位のメリットが得られる。


世の中には広く伝えるべき良い話がたくさんあるはずだ。ハーバード大学の心理学者スティーブン・ピンカーによれば、世界はこれまでにないほど安全になっているという。[5] テロ、食糧難などの問題を考えるとそうは思えないかもしれないが、わたしたちは歴史上もっとも平和な時代に生きている。殺人事件、戦死者、人口当たりの感染症による死者の割合はこれまでになく少ない。さらに、平均寿命、クオリティオブライフ、教育を受ける機会などすべてが改善している。[6]

もちろん、これ以上良くする必要がないという意味ではないが、現状と、わたしたちがどれだけのものを築いてきたかを正確に把握するのは重要だ。恐怖に陥り、ネガティブな結果を作り出さないために。今の成功を足掛かりにしよう。

メディアの転換を待つ必要はない。メディアのプロたちと同じ方法でわたしたちのニュースを伝えられる。今すぐに家庭で、組織で、会社で、学校で始めていい。ソーシャルメディアのニュースフィードでもいい。社会問題や、公園で起きる子供の問題について夕食の席で話すときでもいい。本書で学んだルールを使って、実行しよう。

さあ一緒に、幸福に目を向けよう。

その幸福を広く伝える選択をしよう。

CBSがマヤ・アンジェロウ博士とともに、幸福を広く伝える概念を詩の朗読を通して実践したように、あなたが本書の研究結果を実践してくれることが、わたしの希望であり夢だ。あなたなしではこの研究は意味がない。あなたなしでは本当の変化は成し得ない。

あなたが情報の発信者だ。

あなたが変化を起こす。

あなたが周囲の人々を刺激して、幸福を拡散するのだ。

ミシェル・ギラン

誠に申し訳ございませんが、紙面の都合上、資料「ジャーナリスト・マニフェスト」と原注を割愛させていただいております。以下にてPDF 形式のデータをご覧いただけますので、どうぞご活用ください。

http://www.soshisha.com/bchp/

著者紹介

ミシェル・ギラン（Michelle Gielan）
アプライド・ポジティブ・リサーチ代表、ペンシルベニア大学応用ポジティブ心理学修士。米CBS、FOXニュースのキャスターを経てビジネスコーチ、コンサルタントとなる。夫であるポジティブ心理学者ショーン・エイカーとともにコンサルティングを行う。

訳者紹介

月沢李歌子（Rikako Tsukisawa）
津田塾大学卒。外資系投資顧問会社勤務から翻訳家に。訳書に『ポジティブ・リーダーシップ』(草思社)『最高の仕事ができる幸せな職場』(日経BP社)『ディズニー「感動」のプロフェッショナルを育てる5つの教え』(朝日新聞出版)ほか。

悪い知らせをうまく伝えるには?
幸せ拡散7つのルール

2016年12月21日　第1刷発行

著　者　ミシェル・ギラン
訳　者　月沢李歌子
装幀者　井上新八
発行者　藤田　博
発行所　株式会社草思社
〒160-0022　東京都新宿区新宿5-3-15
電話　営業 03(4580)7676　編集 03(4580)7680
振替　00170-9-23552
本文組版　アーティザンカンパニー株式会社
印刷所　中央精版印刷株式会社
製本所　加藤製本株式会社

ISBN978-4-7942-2247-3　Printed in Japan　検印省略
http://www.soshisha.com/

造本には十分注意しておりますが、万一、乱丁、落丁、印刷不良などがございましたら、
ご面倒ですが、小社営業部宛にお送りください。送料小社負担にてお取替えさせていただきます。